情商高就是会沟通

韩桥◎编著

中国纺织出版社

内 容 提 要

一个开朗热情、随和、不怕生的人，在什么场合都能轻松自如地和别人打交道，跟谁都可以侃大山、谈天说地，没有那么多的顾虑。

本书从开场白、提问、面试、职场、谈判、恋爱、社交、演讲等方面着手，深入挖掘“沟通”技巧，使你即便面对陌生人也可以轻松自如地畅聊。

图书在版编目（CIP）数据

情商高就是会沟通／韩桥编著.--北京：中国纺织出版社，2018.7（2025.3重印）
ISBN 978-7-5180-4715-4

Ⅰ.①情… Ⅱ.①韩… Ⅲ.①心理交往—通俗读物 Ⅳ.①C912.11-49

中国版本图书馆CIP数据核字（2018）第025494号

责任编辑：闫 星 特约编辑：王佳新 责任印制：储志伟

中国纺织出版社出版发行
地址：北京市朝阳区百子湾东里A407号楼 邮政编码：100124
销售电话：010—67004422 传真：010—87155801
http：//www.c-textilep.com
E-mail：faxing@c-textilep.com
中国纺织出版社天猫旗舰店
官方微博http：//weibo.com/2119887771
三河市金兆印刷装订有限公司印刷 各地新华书店经销
2018年7月第1版 2025年3月第4次印刷
开本：710×1000 1/16 印张：13
字数：190千字 定价：69.80元

前言

生活中我们经常遇到这样一类人：他们善于沟通，热情洋溢，拥有快速融入陌生环境的能力；即便是在一个相对陌生的场合，也可以恰到好处地活跃气氛，缓解尴尬。这样的人跟谁都能聊得来，即使上一秒双方不是完全陌生的路人，他们也能在下一秒立即与对方开启人生挚友模式。

事实上，许多人在面对陌生人或者初次见面的人时，根本无法做到自来熟的状态，反而会显得手足无措，不知道说什么好，无法跟人聊到一块儿去。他们害怕面对人群，觉得恐惧、不好意思，对自己以外的世界有着强烈的不安感和排斥感。他们常常逃离人群，除了几个亲近的人之外，他们不愿意与外面世界沟通。他们大多有人际交往障碍，他们心里有很多苦恼："我不愿和别人交往，我挺烦的，怎样才能做一个善于交际的人呢？""我是一个女孩，我想说的是，我无论和男的或女的说话时，都不敢看对方的眼睛，手一会儿挠头一会儿揣兜，不知道该怎么办。""我太在乎别人对我的看法，和别人沟通时，我担心别人怎么看我，尤其是面对比较重要的人时，我还有点自卑。""我觉得我自己心理上有问题，很多时候很想跟别人聊天，但又不知道有什么好聊的，很多时候我很害羞，说话也不敢大声，我感觉自己好胆小。"从这些话语中，我们可以看出，他们中的大多数只是性格内向而不善于交际，或是不懂得社交的艺术，因此导致社交过程中出现不适，而并非他们不愿意与人交往。

然而，交际并不能回避。不善沟通的人需要走出家门，尽可能与人交往，多参加一些有意义的集体活动，在活动中，你可以认识更多的朋友，相应地，也拓展了你的交际圈子；别胆怯，做一个主动者，假如总是一个人低着头走路，等待着别人来招呼自己，那么很容易被身边的人忽视。

跟谁都聊得来，才会形成良好的人际关系。所以，请克服内心的恐惧，鼓足勇气，迈出交际的第一步，你会发现跟人畅聊其实是一件很容易的事。

编著者

2017年11月

目录

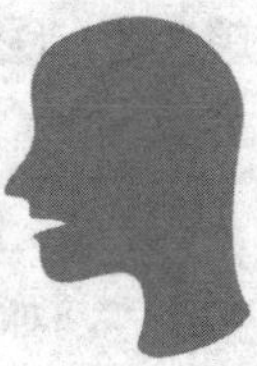

第 1 章

说得就是好听——一开口就打动人心

古语说："美玉藏于深山，人不知其美；黄金埋于地下，人不知其贵。"一个优秀的人，如果不善于言辞，就会失去表现自己的机会。知性的谈吐，是一个人有教养、有才智的表现，是高雅脱俗的内在精神气质和修养的直接体现。

把话说到点子上

那些会说话的人之所以会获得成功，并不在于他们说了多少话，而在于他们掌握了说话的时机。正所谓“言多必失”，成功者更注重把握说话的时机，不管在什么场合都显得落落大方，说话的时候说得很充分，不该说的时候一句话也不说。口齿伶俐，在各种场合口若悬河、滔滔不绝，这是很多人所向往的场景，但如果自己在不适当的时机口无遮拦，说了错话、说漏了嘴，这也是难以弥补的过失。著名作家大仲马说过：“不管一个人说得多好，你要记住，当他说得太多的时候，终究会说出蠢话来。”我们每个人都应牢牢记住这句至理名言，要明白，言不在多，且一定要把握说话的时机，这样才能深入地影响对方的心理。

有一个经营印刷业的老板，在经营了多年之后萌发了退休的念头。他之前从美国购进了一批印刷机器，经过几年使用后，扣除磨损费应该还有250万美元的价值。他在心中打定主意，在出售这批机器的时候，一定不能以低于250万美元的价格出让。有一个买主在谈判的时候，针对这台机器的各种问题滔滔不绝地讲了很多缺点和不足，这让印刷业的老板十分恼火。但是他在自己刚要发作的时候，突然想起自己250万美元的底价，于是又冷静了下来，一言不发，看着那个人继续滔滔不绝。结果到了最后，那人再没有说话的力气，突然蹦出一句：“嘿，老兄，我看你这个机器我最多能够给你350万美元，再多的话我们可真是不要了。”于是，这个老板很幸运地比计划多卖了整整100万美元。

正所谓“静者心多妙，超然思不群”。一些习惯于滔滔不绝的人往往是最沉不住气的人，一旦遇到了冷静的对手，他们就容易失败，因为急躁的心情让他们没有时间考虑自己的处境与位置，也不会静下心来思考有效的对策。而在上面这个案例中，那位啰唆不停的买主正好中了老板无意设下的“陷阱”，不等对方发言，就迫不及待地提出建议价格，等于自己拿空子让别人钻。

言不在多，少说话可以使自己有更多的时间思考，经过思考之后，再找准时机说话，这样说出的话会更精彩。在日常交际中，我们应该少说话，特别是当一个比自己更有经验的人在场的时候，如果自己说得太多了，就无疑于自曝其短，这样继续下去的结果将对自己很不利。

一家小公司与一家大公司进行一次贸易谈判。大公司的代表依仗自己的实力，滔滔不绝地向对方介绍情况，而小公司的代表则一言不发，埋头记录。大公司的代表讲完后，征求对方代表的意见。小公司的代表好像突然睡醒了一样，迷迷糊糊地回答说：“哦，讲完了？我们完全不明白，请允许我们回去研究一下。”于是，第一轮会谈结束。

几星期后，谈判重新开始，小公司的代表声称自己的技术人员没有搞懂对方的讲解。结果大公司代表没有办法，只好再次给他们介绍了一遍。谁知，讲完后小公司代表的态度仍然不明朗，仍是要求道：“我们还是没有完全明白，请允许我们回去再研究一下。”就这样，双方结束了第二次的会谈。

又过了几天后，第三次会谈时小公司的代表还是一言不发，在谈判桌上故技重演。唯一不同的是，这次，他们告诉大公司，一旦有讨论结果立即通知对方。过了一段时间，大公司觉得这次合作已经没戏的时候，小公司的代表找上门来开始谈判，并且拿出了最后的方案，以迅雷不及掩耳之势逼迫大公司，使对手措手不及。最后，双方达成了这一项明显有利于小公司的协议。

一家小小的公司居然能够打败大公司，在谈判中获得成功，关键在于小公司懂得沉默，懂得掌握说话的时机。在说话时机尚未成熟的时候，他们一直不说话，使对方摸不着头脑，盲目骄傲自大，同时也为自己赢得了时间去研究对手的方案，给了令大公司措手不及的一击。可见，说话看准时机比说话多更有效，它能起到滔滔不绝完全达不到的效果。那么，在日常生活中，我们该如何看准说话的时机呢？

1.占据优势时少说话

在谈话过程中，当我们完全占据了优势的位时，需要少说话，正所谓“桃李不言，下自成蹊”，对方在无措之时自会露出破绽。

2.不了解情况时少说话

有时候，在不了解对方的情况时不要盲目地乱说，这有可能会给对方提供可乘之机，使自己遭受很大的损失。所以，在不了解对方情况的时候，不要轻易把话说出口，需要谨慎用语。

3.气愤时少说话

当自己或对方的情绪激烈的时候最好少说话，这时候，一旦开口不慎，就会引发一场争执。最佳的说话时机是等双方都冷静下来、能够心平气和地谈话时，只有这个时候双方的交流才能顺利进行下去。

用术语增加你的专业性

在沟通交流当中，如果你所说的对方知道，也明白，那么双方的位置是对等的。如果你所说的比较专业，对方不知道，或者没有听过，那么发言权就会被你不知不觉地垄断，双方的心理位置也会发生变化。你变成了“讲授者”，高高在上，对方则变成了学习者和仰慕者。这时候，在对方的心里，你是可信可敬的。

要想让别人的内心深处对你无限敬畏和尊重，就要在适当的时候说一些专业术语，让对方内心深处产生自己无知的感觉，进而有了对你佩服和尊重的意愿。

沐阳是法律专业毕业的高材生，毕业后一直没找到合适的工作。后来，经朋友介绍，进了一家私企，做了个法律顾问。事实上，这个法律顾问就是个闲职，并没有多少的活干。所以，同事们都没有把她放在眼里。

没过多久，公司研制的一种新产品在注册的时候，跟别家公司产生了纠纷。对方将沐阳所在的公司起诉到了法院。公司的经理对此忧心忡忡，决定赔付对方一笔款子了结此事。沐阳得知此事后，找到了经理，说：“对于此事，我有几点想法，是否愿意听一下？”

此时，经理才想起来沐阳是法律顾问，点了点头说：“你说说看。”

沐阳说：“在商标注册的时候，有个争先原则。就是谁先注册，商标权就是谁的。我之前作过调查，对方对‘神龙’这个商标使用比我们早，可一直没有注册。而我们虽然用了他们的商标，但是我们已经注册了，那么这个商标权就是我们的。这样说来，是对方侵了我们商品的商标权，而不是我们侵权了。”

经理惊讶地说：“你说什么？是对方侵了我们的商标权？而不是我们侵了对方的权？”

沐阳一本正经地说：“是的，‘神龙’这个商标是属于我们的，我们注册过，就是合法的。”

经理疑惑不解：“可这个商标，他们一直在用，当时就是觉得这个牌子响亮，我们就用了。按理说是我们在侵权啊。”

沐阳：“没错，但是对方一直没有注册，那么说明这个商标并不是属于他们的，至少在法律上是没有归属关系的。而我们抢先注册了，就是属于我们的。”

经理长长地出了口气，说：“这下可好了，沐阳，这件事全权委托你去处理。”

之后，沐阳仔细地搜集了很多详细的资料。最后，她代表公司在法庭上胜了这场官司，对方被禁止再使用“神龙”这个商标。

从那之后，再也没有任何一个同事看不起沐阳了，就连经理见了她也是礼让三分。

故事中的沐阳在关键的时候讲了一些法律专业的专业术语，进而将公司的劣势转成了优势，从那以后，公司上下对她刮目相看，对她产生了敬畏和尊重。因此，我们可以得知，要想让别人对你有佩服的情感，就要表现得比别人更加优秀。说一些专业术语吧，这是你的强项，别人因为不懂，内心深处的敬佩之情就会油然而生。

那么，说专业术语的时候要注意哪些方面的问题呢?

1.一定确保专业术语的准确性

在说专业术语的时候，一定要注意了，要保证你所说的专业术语的正确性。因为是专业术语，你说出来就有一定的权威性，别人不懂，只有你懂，这时候你就是专家。如果你自己对概念不是很清楚，最好不要说，尽管说出来别人也未必知道、未必懂，但是万一被哪个细心的人发现，那么你得到的就不是可敬可亲，而是颜面尽失。因此，说专业术语的时候，一定要确保专业术语的正确性。

2.把专业术语解释得浅显易懂

因为是专业术语，所以说出来后大家都不懂，像是天书。这时候就需要你解释给别人听。解释的时候一定要说得浅显易懂，语言尽量简练，不要让别人觉得实在太复杂了。这样别人才会更加敬佩你，但是，将简单的道理弄复杂了，只能说明这个人并没有多少真本领，是个书呆子。因此，在向别人解释专业性术语的时候，尽量用通俗易懂的语言。

3.把专业术语联系到生活中去

很多时候，尽管将专业术语解释了很多遍，但是对于一般人来说，仍是天方夜谭，与实际生活是脱离的。所以，在说专业术语的时候，要把专业术语和现实生活结合起来。讲一些生活中与专业术语相关的联系和链接，让别人感觉到你说的专业术语对他们来说也是有意义的。

有人说："人只有拥有了美丽、知识、独立以及社会地位的平等以后，才能懂得生活的艺术。"我们要想赢得他人的尊敬，不能光凭外表和气质，专业素养也是很必要的能力。

关注时事，哪个行业都能聊得来

说话的魅力在于"言之有物"，华丽的词汇、委婉的技巧这些都是语言的点缀，如果言谈话语中没有值得品味、关注的东西，再美丽的语言都会显得苍白。语言和话题都要与时俱进，必须时常更新，才能让人们感到新鲜，若话题单一、枯燥、落伍，就会像"祥林嫂"一样，时间久了就会令人们厌倦。

长途旅行，对于很多人来说，是件非常痛苦的事情。除了坐在车上不舒服、身体疲乏之外，更主要的是周围都是不认识的人，没有人说话，时间过得越发地慢。但是，对于王丹来说，这并不是一件难事。

这次，她坐火车去新疆出差。和所有人一样，她身边坐的都是陌生人。等火车开动了之后，对面的一个年轻人掏出了一份报纸来阅读。王丹笑着说："在关注利比亚局势啊？"

年轻人笑了笑，说："是啊，好几天没看新闻了，也不知道那边的战争怎么样了。"

王丹说："还能怎么样啊？谁打谁的仗吧，西方国家在轰炸，卡扎菲在和反对派较量。"

年轻人放下报纸，说："落后就要挨打，活生生的例子啊。"

这时候，旁边的一位中年人说："你说这帮人，放着好好的日子不过，整天你打我、我打你，遭殃的都是平头老百姓。"

一位戴眼镜的男人说："还不是为了石油嘛，问题是，打仗真能的能把石油抢回去吗？"

年轻人说："肯定能抢回去，要不然人家就不打了。"

王丹说："也是，人家一颗炮弹要好多钱的，要是再抢不回石油去，那不是太赔本了吗？"

这时，坐在角落里，一直没有吱声的中年妇女，抬起头说："谁打谁咱管不着，只要别打到咱们中国来就行，与咱们又没啥关系。抢上石油又不给咱分。"

中年妇女的话引起了一阵哄笑。

王丹接着说："咱们是分不着石油，可是咱们也受影响啊。"

中年人说："咱们受什么影响？隔着这么远呢。"

戴眼镜的男人说："对咱们的影响可大了，利比亚一打仗，石油输出受阻，国际市场就会吃紧，紧接着石油就会涨价。石油一涨价，各种物价随着就会大涨。我们每个人实际购买能力就会下降。”

年轻人说：“简单点说，就是我们手里的钱不值钱了。以前三块钱能买个面包，现在得五块钱。”

中年妇女一听，急了，叫道：“那咋成呢，这不是叫我们小老百姓没法过日子了嘛。”

中年人说：“这不是成不成的问题，人家老美说了算啊。”

中年妇女一听：“这帮狼吃的，别落在我手里，要不然要他们好看。”

又是一阵哄堂大笑。

……

故事中的王丹以及周围的一群人，本是互不相识；但是有了“利比亚”这个时事为话题后，大家争先恐后地畅所欲言，让每一个人的心理距离都拉近了很多，融洽了气氛。如果王丹不关注时事，那么这时候便没话可说。由此可见，关注时事，在关键的时候，口中就有话题可以交流，只有懂得多，才能有的说。

那么，如何关注身边的时事呢？

1.每天看点时事报导

多看看新闻、读读报纸吧，关心一下这个世界到底发生了什么。关心时事、关心时代大潮，你会发现自己的某些观点会非常独到、新颖、平衡而不偏激，看问题会更加全面，处理事情的方法也会变得新潮而不守旧。

电视、网络、报纸等都是极好的了解各种信息的手段，最主要的是要有灵敏的嗅觉，能够从现有的知识和信息中探查到某种趋势、某种迹象，如此才能够最终获得渊博的学识，增长见闻。现代社会是一个信息爆炸的社会，各种知识和信息往往使人们眼花缭乱，难辨真伪。在接收各种信息时，必须要去伪存真、去杂留精才能够得到精准的、正确的信息，谈话时才能让人感觉到你见解的独到。

2.听听别人讨论什么话题

听听别人在讨论什么话题，比如，女人永远不会落后的话题——减肥，前几年的方式可能是减肥药、减肥茶、束身衣；再看看如今，女人们更热衷讨论有氧运动、瑜伽、跳操班或者营养合理的饮食菜单。听听别人的讨论，也算给自己找个方向。

3.敏锐的观察力和感受力

时事不仅是看来的，也是感受出来的，就算你天天看新闻、读报纸，如果只当成一种消遣，也不会有可谈的内容。将自己感兴趣的信息收集起来，就能逐渐形成一个系统，这样你在某方面的洞察力会更加敏锐，如房产、时装、文学趋势，关注时事不是关注所有的新闻，而是有重点地观察生活，感受社会变化，关注自己的内心。

4.把时事带到自己的谈话当中

有了素材，怎样把这些带到自己的谈话当中去呢？主要有两种方式：第一种方式是，当人们谈论某件最近发生的事情时，将你思考的结果、你的结论和观点说出来，如果你的视角非常独特，就会被人们重视和认同。第二种方式是，当人们讨论某个观点时，不妨把最近发生的几件时事，或有关联的新闻讲出来，证明你的观点，这样，你的谈话将更有说服力，也会更有趣。

社交场上的交际能手往往是长袖善舞、八面玲珑的，他们往往什么话茬都能接上，什么都懂一点，说话风趣幽默，一件简单的小事也能被他们说得妙趣横生，让别人听得津津有味。这一切往往要归功于他们见识多，去过的地方多，经历得多，而且感情丰富，感觉敏锐。

如果没有机会，也不一定要亲自见识，关注一下时事热点，总能找到自己感兴趣的话题，经济的、旅游的、健身的，时事不仅是重大新闻，而有生活中人们热衷做的事情、人们关注的热点。

说话避开险境，别让“危险语”搅黄沟通

说话，是我们天天都在做的事情，但善于说话，能准确、清楚地表达自己的意图，使对方乐意接受，却是一件不太容易的事情。心理学家理查德·班得勒说过，当你对他人说话时，你不是想向他传递信息，就是想改变他；但在这过程中，对方是否会接受你的意思，你的沟通目的是否能够实现，又是另外一回事了。其中的症结在于你是否说了避讳的语言，或者把话题置于危险的境地，这将会影响你沟通的成与败。许多人说话不经过大脑思考，只图嘴巴痛快，常常“语出惊人”，踏入“雷区”，最后导致了整个沟通的失败。其实，善于说话并不是一件很简单的事情，那将意味着你所说的话能够令对方乐意接受，而且，你的话语能够巧妙绕过险境，直入对方心里，继而影响对方心理。沟通是双向的交流，它的成败不取决于你说了什么，而是取决于对方的反应，对方不接受你所说的话，那你说得再多也没用。所以，为了让对方乐意接受，我们在说话时需要避开险境，把“危险语”吞进肚子里，这样才能有效地影响他人心理。

古代有这么一个国王，一天晚上做了个梦，梦见自己满嘴的牙都掉了。醒来后，他找了两位解梦的人。这两人来了后，国王就说：“满口牙全掉了，到底是怎么一说？”第一个破解梦的人就说：“皇上，在你所有的亲属都死去以后，你才能死，一个都不剩。”这个梦给解出来了但国王一听，心里非常不高兴。第二解梦人说，“至高无上的国王，您将是您所有亲属当中最长寿的一位呀！”大家看一看，同样的内容，同样的事情，两个人用了两种不同的说法。第一个把国王说生气了，国王龙颜大怒，杖他一百棍；然后，拿出一百个金币，奖给第二位破解梦的人。

上面这个案例中，同样的一件事情，两人表达的同一个意思，为什么一个挨打，一个却受赏呢？分析他们所说的内容，我们就可以明白了。在

沟通过程中，往往会因为一两个“危险词语”而使整个话题都处于危险的境地，第一个破解梦的人话里出现了“死”这样的危险字眼，而且不止出现一次；第二个破解梦的人却从另外一个角度巧妙地解释为“长寿”。两人话里的字眼不同，最终两人的待遇也千差万别。

公元1368年，朱元璋登基，建立明朝。一天，一位穷朋友从乡下来到京城皇宫门前求见明太祖。朱元璋听说是以前的老朋友，非常高兴，马上传他进殿。谁知这位穷朋友一见朱元璋端坐在宝座上，昔日的容颜似乎没有多大变化，便忘乎所以地直通通地说：“我主万岁！您还记得我吗？从前你我都替人家放牛，有一天我们在芦花荡里把偷来的豆子放在瓦罐里清煮。还没等煮熟，大家就抢着吃，甚至把罐子都打破了，撒了一地的豆子，汤也都泼在泥地上。你只顾满地抓豆子吃，不小心连红草叶子也送进嘴里，叶子梗在喉咙里，苦得你哭笑不得，还是我出的主意，叫你吞青菜叶子，才把红草叶子带下肚里去……”还没等他说完，朱元璋就听得不耐烦了，嫌这个孩提时的朋友太不顾体面，于是大怒道：“推出去斩了！推出去斩了！”

后来，另外一个穷朋友知道了这件事，心想这个老兄也太莽撞了，于是，他心生一计，信心十足地去见他小时候的朋友，当今的皇帝。这个穷朋友来到京城求见朱元璋。行过大礼，这个人便说：“我皇万岁万万岁！当年微臣随驾扫荡沪州府，打破罐州城，汤元帅在逃，拿住了豆将军，红孩儿挡关，多亏了菜将军。”朱元璋一听，不禁大笑，他认出了眼前的这个人是孩提时的朋友，心中更为此人巧妙地暗示他们小时候在一起玩耍的事而高兴，于是让他做了御林军总管，将他留在了自己的身边。

同是儿时朋友，所受到的待遇却是迥然不同。前者说话太莽撞，把朱元璋儿时的糗事一股脑儿说出来，这时已身为明太祖的朱元璋怎么能受这样的戏谑，最终那位穷朋友非但没有讨到好处，反而赔上了自己的性命；

而后者只是简单地聊了儿时的趣事，其中还包含了对朱元璋的敬仰，最后他做了御林军总管。

在日常交际中，有一些话题是沟通的“雷区”，稍有不慎就会让人“粉身碎骨”，所以，我们应该尽可能地避开这些危险区，避开一些敏感、危险的词汇，这样才能促使沟通的顺利进行。

1.避开隐私

隐私就是不可公开或不必公开的某些事情，有可能是缺陷，有可能是秘密。因此，我们在进行语言交流的过程中，需要避开彼此的隐私，这既是一种礼貌，同时，也可以很好地保护话语的“安全性”。

2.切勿不懂装懂

我们并不是万能博士或者百事通，即使自己知识渊博，也总有一些地方不如人，总有不懂得的一些知识。因此，无论是面对有教养有知识的人，还是面对一个默默无闻的人，我们都应该谦虚谨慎，不可妄发言论。

3.避开忌讳

在谈话过程中，我们需要避开一些忌讳，如关于“死”的避讳语，“棺材”“寿材”等；对方的生理缺陷，如“残疾人”；对一些不可公开的事物行为，如“大小便”等，这些避讳词语都是需要避开的。

4.避开粗口秽语

在交流过程中，我们需要避开粗口秽语，应使用文明的语言。言语粗鄙是最无礼的语言，而且有可能会为自己带来一些不必要的麻烦。

根据不同人制定不同的说话策略

俗话说：“求神要看佛，说话要看人。”人上一百，形形色色，每个人都有自己的性情，每个人都有不同的心理。因此，我们的语言表达方式也需要因人而异，需要迎合对方的性情、心理特点，这样才有可能影响对方心理。否则，一味地强势或一味地退却，只会使我们在交流中处于越来越被动的位置。所以，我们在与他人交流的时候，需要讲究看准人下“话药”，如此这般，才能使自己在人际交往中如鱼得水、应对自如。

两千多年前，孔子的学生仲由问：“听到了，就可以去干吗？”孔子回答：“不能。”这时，另一个学生冉求也问了同样的问题：“听到了，就可以去干吗？”孔子回答说：“那当然，去干吧！”公西华听了，对于老师孔子的回答感到很疑惑，就询问孔子：“这两个人问题相同，而你的回答却相反，我有点儿糊涂，想来请教。”孔子回答：“求也退，故进之；由也兼人，故退之。”

孔子的意思就是，冉求平时做事喜欢退缩，所以我要给他壮壮胆；仲由好胜，胆大勇为，所以我要劝阻他，做事要三思而后行。孔子诲人也不是千篇一律，更何况是说话呢？我们在面对不同的说话对象时，需要看准人下“话药”，时而强势，时而退避三舍，这样才能有效地影响他人心理。

战国时期著名的纵横家鬼谷子曾经说：“与智者言依于传，与博者言依于辨，与贵者言依于势，与富者言依于豪，与贫者言依于川，与战者言依于谦，与勇者言依于敢，与愚者言依于锐。”“说人主者，必与之言奇；说人臣者，必与之言私。”一个人要善于说话才能受欢迎，而且要能够根据不同的人说不同的话，使自己的话语有“弹性”，如此，你的人际交往才能相应地收放自如。

1.“什么人说什么话”

我们在开口说话之前，需要仔细观察了解对方这个人，或是了解性格特征，或者了解他的喜好。在交谈进行的过程中，势必要“见什么人说什么话”，比如，对上司不能强势，只能退避三舍；自己的利益受侵犯时，必须强势，维护自己的利益。

2.“对方想听什么，你就说什么”

当置身于一个谈话环境中时，你就必须清楚与对方的关系，了解对方的喜好禁忌，了解对方喜欢听什么、讨厌听什么。这时候，要洞悉其心理，对方想听什么，你就说什么，那些讨嫌的话绝对不能说。

3.“肚子里有货才能倒得出来”

当然，为了能够应对各种人，我们必须不断地积累知识，拓展自己的知识面，这样才能和什么人都有话说，才能够说出对方喜欢听的话。

“你对我很重要”的神奇魔力

尽管现代社会中人情日益冷漠，但是每个人依然渴望得到他人的关注和重视。例如，在不止有一个孩子的家庭，得到父母关注最多的那个孩子，一定是最有出息的。在班级里，孩子们的这种表现则更加明显。当老师明显偏爱某个孩子时，即使他原本不够优秀，也会在短期内迅速提升自己，表现越来越好。这就是被关注的力量。

作为世界著名的心理学家，亚德勒曾经说：“一个人越是对他人不感兴趣，越是容易深深地伤害他人，当然，他自己也会因此遇到重重阻碍，屡屡失败。”这句话向我们揭示了人际交往的真理，当你关注他人时，你也会相应地得到他人的关注。如果你关注你遇到的每一个人，那么你自然会变得与众不同。

美国历史上，深受人民爱戴的总统西奥多·罗斯福，得到了整个白宫的喜爱。甚至连他的黑人男仆奥莫森，都对他发自内心地崇敬和喜爱。为了表达对罗斯福的敬意，奥莫森特意写了一本书，名为《罗斯福，他仆人心目中的英雄》。在这本书里，奥莫森详细地为读者讲述了罗斯福的生活轶事，告诉全世界罗斯福得到了每一个仆人的敬爱。下面，就让我们跟随奥莫森的笔尖，看看罗斯福是如何得到他仆人的爱的吧！

我的妻子不知道从哪里听说鹎鸟非常美丽，但是她从来没有亲眼看过鹎鸟。有一次，她去帮总统收拾房间，恰巧总统也在，她便向总统请教关于鹎鸟的知识。那个时候，总统正在处理一些文件，听到她的提问之后，就马上停下工作，开始尽量用平白的语言向她描述鹎鸟的模样，还给她讲了几个和鹎鸟有关的故事。她非常感动，没想到总统居然对她的随口一问如此重视，还这么充满耐心。然而，接下来发生了一件更让她惊讶的事情。

一个夏日的午后，我正准备去白宫上班，突然总统把电话打到我的家里。总统欣喜地说："奥莫森，我刚刚经过你家附近，看到你家窗台上有一只鹎鸟。你快点儿告诉你太太，让她亲眼看看鹎鸟的模样。"说完，总统就挂断了电话。我赶紧小声叫来妻子，她终于看到了鹎鸟。我们俩的眼睛都湿润了，总统日理万机，为国家操心受累，却惦记着这样一件小事。

不仅仅是我有这样的经历，在白宫里工作的每个人，都曾经受到过总统的重视。即使后来，我们只要谈起总统，就会想起那些让我们感动万分的小事。我们每个人都愿意为总统献出生命，无论任何时候。

任期满了之后，罗斯福总统每次回到白宫，都会去探望那些仆人。在他心里，不管是园艺师、女仆、卫兵还是厨师，都是他最友好的朋友。他一一叫出他们的名字，并且用有力的双手紧紧地握住他们的手，还关切地问起他们家里的情况。当看到面点师爱丽丝时，罗斯福总统还提起了那美味的玉米面包，遗憾的是，爱丽丝说新总统并不喜欢吃玉米面包。这时，罗斯福总统说：“他们真是没口福，我要告诉他们玉米面包真的很好吃！”罗斯福的话让爱丽丝激动不已，逢人就说。此后，每当罗斯福过生日，爱丽丝都会送上自己亲手制作的玉米面包，直到罗斯福去世之后，她这个习惯依然没有改变。

罗斯福总统之所以能够得到每个仆人的爱戴，就是因为他重视和在乎每一个仆人和他身边的人。他的重视是发自内心的，所以他才能记住那么多和仆人们有关的细节问题。正是这份重视，让仆人们心甘情愿地为他付出生命，忠诚地追随他。虽然我们只是普通人，没有显赫的身份，但是当我们真的重视和发自内心地在乎一个人时，相信对方也会一样地重视和在乎我们。所以，从现在开始，如果你想变得不同凡响，就发自内心地关爱身边的每个人吧，你会发现，你付出的关爱会创造奇迹。

不管是对亲人、爱人还是朋友、同事，我们都可以直接说出自己心里的感受：你对我很重要。这样一来，你会从对方感动的眼神中发现，你在他们心目中也同样重要。只要毫不吝啬地让他人成为你关注的重心和焦点，你自然会得到回报。

第2章

说好你的开场白——张口就让对方有好感

现代社会，社交活动增多，人们每天要认识很多新人，所以，初次见面时的言谈举止是否得当，整体形象是否让人印象深刻，都显得十分重要。如果你能谙熟一些社交言辞，给别人留下良好的印象和持续交往的意愿，就能够令自己在社交场上自由穿行，创造出属于自己的社交天地。

一个好的开场让你给对方留下深刻的印象

在初次见面时，我们给对方的印象不仅依靠外在的服饰和礼节，更需要一个好的开场白。人们常说，“好的开始是成功的一半”，因此在与人初次见面时的开场白尤其重要，不论我们面对的是陌生人、客户还是老板，无论我们所交谈的内容是好事还是坏事，一场精彩、得体的开场白都会帮助我们给对方留下深刻的印象，这是好口才所具备的神奇能力，也是其他方式无法达到的。因此，如果我们想打开自己的人际关系网，就应该重视口才的重要性，将自己优雅的谈吐、不凡的见解传达给每一个初次见面的人，从而推动自己走向事业的成功巅峰。

有一天，王老师在某高校举办一场文学讲座，讲座即将开始了，但是现场的秩序依旧十分混乱，有些对讲座不感兴趣的学生纷纷聊天、看书、打电话。王老师并没有要求大家安静，而是转身在黑板上写了一首诗，“月黑雁飞高，单于夜遁逃。欲将轻骑逐，大雪满弓刀。”写完后，他慢慢说道，“很多人说卢纶这首《塞下曲》言有尽而意无穷，而我却认为它有点问题，那么问题到底在哪呢……”此时，全场鸦雀无声，好奇的学生们都在等着王老师继续说下去，王老师却话题一转，“这个问题我们待会儿再谈，今天，我要讲的题目是《诗词的意境》……”如此一来，现场学生的热情也被调动起来，讲座得以顺利进行。最后，在讲座的结尾，王老师又把话题引回开场的那首诗，他说，“这首诗是写得很传神，但我认为它有不合常理之处。同学们请想一想，既然是月黑之夜，那怎么能看见天空飞行的大雁？既然是下雪的严寒天气，北方的大雁都到南方过冬了，怎么还能被卢纶看到呢？”一语终了，台下爆发出了热烈的掌声。

如此巧妙的开场白，不仅首尾呼应，使人印象深刻，而且强化了他的讲话内容，怎不令人回味无穷？

开场白是一个人好口才的展现，是其内在修养和思想的体现，很多时候，外表和阅历能够引起对方的注意，而内在的涵养才更能帮助我们抓住成功的机会。一个好的开场白折射出的光辉，不仅能吸引对方，还能影响到对方对我们的印象和评价。

大学生小王到某一企业面试，到了总经理面试这一环节时，由于这位经理见多识广，并没有把刚毕业的小王放在眼里，没说几句话就冷冷地下了逐客令：“我这里没有适合你的工作，你可以走了。”

面对经理的刁难，小王并没有放在心上，他若无其事地说，“您的意思是，贵公司人才众多，足以令公司跻身全国500强，即使有人有天大的本事，也无须聘用；并且，像我这种刚刚毕业的毛头小子是否能为企业提供新动力还未可知，所以与其录用不如拒绝得好，是吗？”

他说到这里，故意顿了顿，微笑地看着总经理。总经理沉思了一下，重新打量了一下小王，再开口语气就不是那么冰冷，他说：“那你对我们的企业发展有什么规划和想法吗？我们可以聊一聊。”没想到小王竟然说，“刚才是我太冒昧了，请您原谅，不过我的想法您值得一听吗？”说完，他又沉默了。

总经理反而急切而坦诚地说：“请不要客气。”

于是，小王将自己的经历、学历及对该企业的看法作了较系统的阐述。总经理听后，很快改变了态度，当即对他说：“你讲得很不错，我决定聘用你了，明天就来公司报到。你的言谈显示了你的潜力，在我这里你会有用武之地的。”

面试是一个改变我们人生的重要机会，然而很多人并不能很好地抓住它。有些急于求职的年轻人，见了面试主管人员就滔滔不绝地诉说自己的学历、经历，或有些什么才能等；然而，十个应征者中会有九个说这些话，而面试主管人员对哪一位也不会给予特别的注意。

聪明的人就会像小王一样，利用一个“反客为主”的开场白，先“将”面试官一军，待对方对自己产生浓厚兴趣后，再将自己的优势和盘托出，这种效果比整齐的仪表、精美的简历更具效果，所以小王应聘成功是必然的。

一个人要想在交际圈之中如鱼得水，受到别人的欢迎，拥有良好的人缘，前提条件是，要给对方留下深刻的正面印象，而这种深刻的正面印象的生成，就需要一个好的开场白和一个好口才。如果我们掌握了说话的艺术，那么，在人生各种场合中都会有四两拨千斤的效果，从而得到意想不到的收获和成功。

让人印象深刻的自我介绍

当我们与不熟悉的人第一次见面时，通常采取的第一个步骤便是介绍自己。罗伯特·庞德曾说，“7秒钟就决定了第一印象，你永远没有第二次机会给对方留下第一印象”，这无疑是在肯定自我介绍的重要性。可以说，让人有一个印象深刻的自我介绍，无疑是双方正式谈话时最为重要的第一步。

一位名叫“王晨阳”的女孩在介绍自己的名字时，总能给对方留下深刻的印象。每当她作自我介绍时，她就会说："我叫王晨阳，我妈妈生我之前已连下了半个多月的雨，刚生完我，护士小姐打开窗帘，阳光普照，妈妈抬腕看看表，正好早上 7 点整，所以为我取名王晨阳，希望大家每天看到早上明媚的阳光都可以想到我。"这席话常常引来听者一阵大笑，大家也都对她的名字印象特别深刻。

自我介绍通常是面试过程的第一个环节，相信大家对此并不陌生。毕业生张宇有着丰富的社会实践经验，当面试官要求他作自我介绍时，他流利地说出自己的姓名、年龄、院校、专业和之前的各种实习信息，然而这种回答让面试官直摇头。

自我介绍不是简单地复述简历上的基本信息，如果不能让人在短时间内看到你的优势，那么你就会被淘汰，此时，张宇应该怎么回答才能吸引面试官的注意呢?

"我是某某学院学生张宇，我将用3个关键词来介绍自己。"张宇的这个别致的自我介绍立刻让面试官抬起头，坐正身子认真听起来。张宇的3个关键词分别是"社团""比赛""实习"，同时他分别举了几个例子证明他的领导力、沟通力、团队合作能力很强，面试官听得频频点头。

如果我们在自我介绍时只告诉对方自己的名字，那并不能帮助对方对我们有全方位的认识，我们传递的信息太少，也就使得对方对我们无从了解。所以，当我们介绍完自己的姓名后，可以简单补充一些个人经历、爱好和见识，使对方能更进一步了解我们。比如，你补充说明："我喜欢听音乐。"对方也许会十分高兴地问你："真的吗？我也很喜欢。那你都喜欢听哪种类型的音乐呢？"你只要接着回答："流行乐和摇滚，那你呢？"如此一来，你们两人不就能开始愉快地交谈了吗?

我们可以通过下面三例自我介绍来感受一下他们之间有什么不同。

● 我是张三，初次见面，请多多指教。

●我是某公司销售部经理张三，你好，请多指教。

●我是某公司销售部经理张三，毕业于某某大学经济系，我曾在某某公司担任过销售顾问，后来取得了某某资格证书，来到了现在这家公司，很高兴见到你。

通过实例我们可以看到，第一例自我介绍太过单薄，除了姓名对方仍然对你一无所知，这很难引起话题，无法作进一步的交流。而第三例自我介绍又太过冗长，有自吹自擂的嫌疑，很容易引起对方的反感，导致无法继续沟通。

相比较之下，第二例自我介绍简洁大方，既告知了对方自己的信息，也给了对方一个话题，比如，“你们那家单位我知道，你们的保洁产品做得非常好，我们公司一直想和你们合作呢。”“哦，真的吗，请问您是哪家公司的代表？”“我是××公司的×××……”

通过对工作单位的交谈，使得本不认识的两个人可以迅速找到话题，加深了解，进而有了更一步发展，这就是自我介绍的魅力。

在口才技巧中，自我介绍是一种迅速接近对方的语言艺术，它绝不是花哨的言语和虚伪的吹捧，而是以自己真诚、礼貌的言语来告知对方自己的基本信息，让人对你有个初步了解。不过需要注意的是，有些人在介绍自己时，常常把自己的名字一带而过，或者仅仅是递出一张名片便草草结束，白白浪费了制造好印象的机会。所以，我们应该把握每次自我介绍的机会，当介绍自己的名字时，应该清晰明了地告诉对方自己名字的正确读音和写法。

对不同身份的人的不同称呼

在与人初次见面时，我们总要先打招呼，此时如何称呼对方是十分关键的。中国自古以来就是文明古国、礼仪之邦，对人的称呼也是一种礼仪的展现，我们对于亲人、朋友、同事的称呼都有各自的划分，如亲切些的“老哥、老弟”，严肃些的“同窗、同僚”，尊重些的“老师、领导”，然而对陌生人的称呼就不是这么简单了。

选择一个合适的称呼，看来似乎是一件再简单不过的事情，然而，却在口才艺术中，它是一个不可掉以轻心的关键。

有一次，李老师应邀到少年管教所进行青少年心理辅导，可是，当他面对台下几十个少年犯时，竟不知道如何开口。如果称呼对方少年犯，难免引起台下那些孩子的逆反心理，这会使辅导起反作用，可是称呼“朋友们”“孩子们”也不是十分合适。李老师想了一下，最后决定以“误触法律的少年朋友们”作为开始。谁知这一称呼居然起到了神奇的效果，这些少年犯听到李老师如此特别地称呼他们，一时间都专注地听他讲话，有的人还流下了激动的眼泪，不用说，这次辅导是十分成功的。

李老师的成功，在于他针对不同的听众属性选择了适当的称呼，这比千篇一律地称呼对方“朋友们”“孩子们”的效果要好很多。因此，当我们在与陌生人交流时，不妨选择一个合适的称呼作为开始。

这天是王先生的生日，王太太特意来到一家高档商场，想给老公买个名牌钱包。走进某知名商场后，精美的装潢、舒缓的慢摇乐曲，以及空气中似有似无的兰花香味，都让王太太觉得很享受。她走进某男士皮具店，身着职业装的男服务生立即笑脸相迎，谁知，他一开口就让王太太退避三舍。

“亲爱的，你想看看什么呀？”

王太太一个劲地摇头，转身就走了出来，“天呀，虽然他服务态度不错，但他这么称呼我真受不了啊！”

虽然有的女性喜欢听服务生称呼她“美女、亲爱的”之类的，但并不是所有人都能一开始就接受这么“热情”的称呼。

“您好，欢迎光临某某皮具店，我们店新到了一批男士高档钱包，都是当季的新款，需不需要我为您介绍一下？”

“哦，好的，我想看看钱包。”

“敢问一下您怎么称呼？”

“叫我王太太就好。”

“好的，王太太，请问您要选钱包送给谁呢……”

与人初次见面时，称呼是拉近自己与陌生人距离、解决尴尬的最好办法，但有时也要注意称呼是否适宜对方。一般来说，对男士称呼“先生”问题都不大，但对女士的称呼选择就要费些心思。由于时代的特性，某些称呼被赋予了新的含义，已经不适合用来称呼人，如“小姐”“老师”等原本很显示地位身份的词语，现在也都不宜轻易出口。

有一位口才卓越的企业家曾和大家分享过一个令他印象深刻的心得，他告诉我们，当面对不同职业、性别、年龄的人时，务必要选用一个适当的称呼作为开始。面对年轻些的人，你可以直呼姓名或称呼他“年轻朋友”，这能让对方感觉与你处在一个平等的地位；面对职业鲜明的，如医生护士之类的，称呼其“白衣天使”更使得尊敬之情溢于言表；如果实在不知道该如何称呼，不如坦诚地问一下对方希望自己如何称呼，这不仅避免了不适的称呼引起对方反感，也表示了你对他的重视和礼貌。

在人际交往中，选择正确、适当的称呼，不仅反映着自身的教养、对对方尊敬的程度，甚至体现着双方关系程度和社会风尚，因此我们要十分重视。

用对方感兴趣的话题打开话匣子

一般来说，在短暂的开场白和自我介绍后，人们便会作更进一步的交谈来增进双方的了解。然而，如何选择一个合适的交谈话题，常常令很多人伤透脑筋。由于是初次见面，人们往往还在被陌生感拘谨着，可能不知道如何挑起话题，也可能话不投机，甚至有些人会用“今天天气挺好”这类话题来开始，难免给人一种敷衍和缺乏新意的感觉。

其实，口才好的人都是善于挖掘话题的人，他们能在最短的时间里，找到一个适合双方交谈的内容。找到一个好的话题，就如同写作时有了一个清晰的提纲，有了提纲的指引，人们就能写出妙笔生花的美文；交谈有了话题，就会给双方一个互相深入了解的机会，能够使之后的交流更加融洽和谐。那么，在与陌生人相处的时候，我们应该怎么找话题呢？

有一个退伍军人，复员后到地方开起了出租，有一天他拉着一个乘客上路，谁知没开多远汽车就抛锚了。这名司机不停地检查线路、油箱和各种仪器设备，忙了一通还是没有修好。这时，车上的乘客提醒他再检查一下油路，司机半信半疑地又去查了一遍，果然找到了抛锚的起因。这名司机觉得这人的修车本领很可能是从部队上学来的，于是试探着问道：“你在部队待过吧？”没想到对方竟然也是一名退伍军人，复员前是部队的军车司机。这下算找到了共同话题，“咱俩不仅是战友，还算是同行哪！哈哈，那你复原后有什么打算啊？”一路上，这两个人谈到了部队生活，谈到了复员后的情况，到目的地后，两人显然成了一对好兄弟，并互相留下了联系方式。

在与人交谈时，如果话题处理得不好，一则导致对方无兴趣接话，二则对之后的沟通交通没有任何帮助，徒增尴尬。若是能通过一些细节发现双方的共鸣点，找到双方都可能感兴趣的话题，就能顺利地交谈下去。

很多人认为寻找共同话题最大的困难源自对对方的不了解，因此，我们在与人初次见面时，首先要解决好的便是观察对方，对对方的衣着、谈吐、举止等有一个大致的判断，再结合自身的谈资来创造话题。即使我们一开始没有猜对对方的心思也没有关系，我们可以通过他给予的回应来继续判断，并再次挑起话题。

要想迅速得到对方的认同，最好的方式是聊些双方都感兴趣的话题，有了共鸣就不难加深双方的信任和了解，那么我们该如何找到合适的好话题呢？

1.选择当前事件为话题

把当前社会上的经济、娱乐、时事作为共同话题是一个很保险的做法，谈论这些话题时，因为双方都对其有一定的了解，自然就能有所交谈，以至不断深入地讨论，加深双方的了解。

2.轻松自然地引出话题

有些人十分善于借助已知的信息来打开话题，如借助对方的姓名、籍贯、年龄、阅历等引出话题，这会让对方感到十分放松，如果我们在此时能巧妙利用对方透露出来的各种信息和观点，引发出更深层次的交谈，就能得到更多有用的讯息。

3.抛砖引玉增进共鸣

有时候，我们可以先提一些基础的问题，在略有了解后再继续深入交谈，如此也会取得抛砖引玉的效果。

两个年轻人从某县城上车，坐在一条长椅上。其中一人问对方在什么地方下车，对方回答："到大连，你呢？""我也是，你到大连什么地方？""我到大连淮海路一亲戚家有事，你就是此地人吧？""不是的，我是到大连来游玩的。"经过双方不断地询问，谈话不断地继续。两个人发现双方共同点后谈得很投机，下车后还互邀对方做客。

这种融洽的效果看上去是偶然的，实际上也是有其必然性的。

4.请教对方感兴趣的事

人对自己感兴趣的事总是有很多的话说，如果你在交谈时不断询问对方的兴趣，肯定能顺利地进入话题。如对方喜爱收藏，你便可以此为话题，谈收藏的价值、情趣。如果你对收藏略通一二，那肯定谈得投机；如果你对收藏一无所知，也没有关系，更可以借此发问，既能学到知识，又能增进感情，何乐而不为。

总的来说，我们要发挥口才的优势，就要做个有心人，只要在初次见面时多加留意对方，勤于发问，就不难发现彼此的共同点，也就可以顺利地与之展开交谈。

如何恰到好处地与人寒暄

两个初次见面的人，由于彼此之间缺乏了解，交谈很容易陷入僵局，而打破僵局的一个好方法就是适度地寒暄。俗话说："话要开好头，事要收好尾。"一番恰到好处的寒暄不仅展示了我们的礼貌和关心，还能在两个陌生人之间架起一座友谊的桥梁。由此可见，寒暄已经成了口才技巧中必可不少的一个环节。

人们见面时打个招呼、寒暄两句是在所难免的，如果你希望寒暄能帮你引起他人的注意，特别是帮助你导引之后的话题，那么你就不得不注意寒暄的小技巧，把寒暄的话说得更动听。

刘杰是一家房地产公司的员工，每个月他的业绩都是第一名，当有人问到他与陌生客户相处的秘籍时，他总是笑着说，秘籍就是寒暄。

有一天，一家三口到刘杰所在的公司挑选房源，刘杰请他们坐下后对先生说道，“先生实在好福气，能娶到这么漂亮贤惠的太太！什么？快三十且已经是一个孩子的妈妈了，实在看不出来，真是驻颜有方，保养有术啊！”先生听了很高兴，刘杰转而又对太太说，“太太您实在是有眼光呢，嫁了这么体贴且又有责任感的先生，事业又做得这么大，真了不起。都说成功的男人背后一定有一位贤淑的夫人，今天见了您，实在当之无愧。”太太听了也乐得合不拢嘴，这时他又把目光转向他们的孩子——一个4岁的小女孩，“这个小妹妹你今年几岁啦，好可爱，长得跟妈妈一样漂亮，尤其是这对眼睛又大又漂亮……”

就这样，一家三口都对刘杰很有好感，进而化解了彼此之间的陌生和隔阂，在刘杰的介绍下，这对夫妻顺利地选择了一套房子准备买下。

人与人之间的交谈，实际上就是感情的交流，而交流需要建立在彼此有些了解的基础上。每个人都希望自己能引起他人的注意，得到他人的重视，此时寒暄就成了表达我们对他人关注的方法之一。通过寒暄激起对方的谈话欲望，以共同的话题来引起共鸣，我们的观点才更容易被对方接受，当然，这也不是绝对的，我们还需要细心观察，见机行事。

有一次，导游王丽丽带一个南方旅游团去北京观光，不巧旅行的第一天就赶上了一场鹅毛大雪，这对他们之后的游览登山、参观景致、出行路况等都造成了一定影响。不少游客开始抱怨天公不作美，大家的游玩兴致变得十分低落。

面对游客们的低落情绪，他们的导游王丽丽反而十分高兴，在出行的大巴上，她兴高采烈地对游客们寒暄道：“亲爱的朋友们早上好。大家真的好幸运！因为北京此时正呈现出难得一见的北国风光、千里冰封、万里雪飘的壮观景象。今天实在是个难得的日子，是我们可以亲自去体验毛泽东主席诗句意境的日子。老天就是这么有眼，我们就是这么幸运，给我们送来飘飘的雪花，那么就让我们快乐地上路，去当一次踏雪登长城的好汉吧！”听到王丽丽的一番话，游客们减少了对天气变化所带来的不便的担心，大家一想到有如此美好的雪景，旅游的情绪也慢慢高涨起来。

从心理学来说，导游王丽丽的这种寒暄方式，完全是从关照游客的心理角度出发的，自然能使对方产生一种认同心理。当大家都被王丽丽所描述的雪景吸引时，他们不知不觉也就接受了大雪所带来的种种不便，甚至这些不便在他们的心里也慢慢地淡化了。可以说，适当的寒暄能够促进双方在交际中的亲和需求，而这种亲和需求在融洽的气氛的推动下会逐渐升华，使我们顺利地达到交际目的。

那么，寒暄应注意哪些技巧呢?

1.真诚的态度

寒暄的话语运用要恰当、自然，态度要真诚、言必由衷，这才能为彼此的交谈奠定融洽的基础；一定要表现出诚意，要真心实意地询问对方，不要让别人感觉你只是为了应酬才说出那些体贴关怀的话。也不可对陌生人使用粗言俗语和过分恭维的话，如“久闻大名”“三生有幸”等，以免双方尴尬。

2.利用询问，展开谈话内容

当你不知如何向对方开口时，不妨询问一下对方的身体状况、工作进展，你可以这样说：“最近工作压力大不大? 再忙也要保重身体啊，人都说身体是革命的本钱，你可不要只顾着工作而忽视了身体啊！”这样寒暄的好处是，不但使对方感受到了你的关心，还能迅速打消彼此之间的陌生感，这不失为一个好的沟通方法。

3.依照对方的行动确定寒暄内容

假如你和对方同行，你可以以“你也要坐这路车回家吗”为寒暄语打开话题，这样的问话，既大方自然，又能使对方产生亲切感，从而令其更愿意与你交谈。

人在初次见面时，一般都会以对方给自己留下的第一印象作本能的判断，如果是好印象，那就在无形中提升了其魅力，反之，则会让对方在心理上产生排斥。所以，必要的寒暄语是人际交往的第一个关键，大家要善于把握寒暄的时机，用口才为自己的生活和工作带来更大的成功。

不可不知的初次沟通的言语禁忌

初次谈话的成功，对于打开人际关系的大门至关重要。两位素不相识的人在交谈时，要慎重，掌握好说话的分寸，不能触犯别人的隐私。否则，会引起别人的反感，导致两人的谈话不欢而散。

李萌来到了一个新公司工作，刚进办公室，就有一个女孩很热情地招呼她，主动带她来到工位上，并向她介绍了周围的环境。正所谓“礼尚往来”，如果不与对方客气、寒暄几句，未免显得自己太不懂礼貌了。李萌大大方方地与对方聊了起来，“姐姐，你今年多大了？”不料对方面露愠色，答非所问地予以搪塞：“你猜猜看。”李萌转而又问，“姐姐，你这件衣服很贵吧，公司发你多少薪水啊？”这一回，那个女同事居然转身走了，再也不理她。这一天，那个女同事也没有再主动与李萌打过交道。

李萌与那位女同事话不投机，主要是因为她在交谈的过程中向对方提出了不恰当的问题，在初次见面时，不要提及年龄、金钱等敏感话题，这会招致对方的反感。

家长：你好，请问哪位是幼儿一班的班主任？

老师：你好，我就是，您请进来坐。

家长：很忙是吗？

老师：还可以，有什么话您尽管说好了。

家长：你们班是不是每个孩子都参加了舞蹈排练？

老师：是的。

家长：那你怎么就不让我家甜甜跳舞？她回家说，每次跳舞老师都让她坐着看。

老师：那是因为最近甜甜的腿脚不方便，我问她是不是不想跳，她说“是的”，我这才让她坐在旁边看的。

家长：你知不知道她每天回家就嚷着要跳舞给我和她爸爸看，她爸爸看她这么感兴趣还特地买了一面大镜子。这样喜欢跳舞的孩子你说她在幼儿园不想跳舞谁相信？

老师：我体谅动作不便的孩子，我尊重孩子的意愿有什么错？

家长：甜甜在家那么喜欢跳舞，你这怎么叫尊重孩子的意愿？

老师：甜甜在家的情况你可以向我反映，完全用不着用这种态度呀！

家长：你这样的态度就好了吗？什么老师！我这就去找园长，如果可以，甜甜最好换个班级。

甜甜妈妈是想告诉教师：尽管甜甜腿不好、舞跳得不好，但她还是想参加班级的舞蹈排练。但显然，甜甜妈妈没有选择一个好的沟通方式，在与老师的交谈中她犯了几个禁忌，导致双方没有达成一致，反而令双方的心情也都变得十分恶劣。那么，如果想让老师安排甜甜参加舞蹈排练，甜甜妈妈应该怎么对老师说呢？

家长：你好老师，我想找一下幼儿一班的班主任张老师。

老师：欢迎！我就是，您请坐到这儿吧。

家长：张老师真是辛苦，每天要带那么多孩子，真是不简单啊！

老师：是呀。孩子小，自控能力差，而家长的期望值又那么高，我们的压力真是不小！

家长：是啊，现在的孩子都是独生子女，每个家庭都对孩子宠爱有加。

老师：是的。独生子女存在的问题确实比较多，孩子不仅生活自理能力差，各种习惯也差。家长一边宠爱孩子，一边又对孩子寄予高期望。唉，可怜天下父母心哪！哦，我忘了，你是不是有什么话要对我讲？

家长：是的。我家甜甜最近对跳舞的兴趣特别浓厚，每天嚷着要跳舞给我和她爸爸看，她爸爸看她这么感兴趣就特地给她买了一面大镜子，她对着镜子跳舞可开心了。

老师：哦？可是，在幼儿园我问她是不是不想跳舞，她告诉我说“是”。

家长：会不会甜甜在幼儿园跳舞跟不上同伴，不够自信？

老师：说实在的，甜甜对舞蹈的感受力和表现力确实一般。考虑到她最近腿脚不方便，我就让她坐在旁边看。

家长：谢谢您为甜甜想得那么多。我和她爸爸看她在家里那么喜欢跳舞，实在不忍心让她只看着小朋友跳舞了。我们猜想她内心还是喜欢跳舞的，您说是不是？

老师：看来是的。

家长：我想，甜甜可能因为腿不好怕在老师和同伴面前丢脸才说不想跳舞的，她说的可能并不是心里话。

老师：可能是吧。甜甜在幼儿园表现欲得不到满足，就想在家里得到满足，有这种“补偿”心理是很正常的。是我太大意了，我应该考虑到这一点的。对不起，甜甜妈妈，从明天起我就让甜甜“归队”。

家长：那谢谢张老师了！不打扰您休息了，再见！

虽然都是表达对老师的不满，但是两种表达方式起到了截然不同的效果。如果甜甜妈妈像一开始那样，在与老师的交谈中传递了责怪、嘲讽等意思，那么结局只能是不欢而散。但她若能有效规避口才技巧中的禁忌，以平和、诚恳、理解的态度来交流，诱导教师自主地体谅和帮助家长解决问题，避免对抗情绪的产生，就能为顺利解决问题打下基础。

所以，我们与陌生人交谈时要注意以下几点。

1.不要自我吹嘘

交谈是不熟悉的双方加深了解的一个过程，如果没有合适的话题，我们可以从介绍自己开始，但这并不是让你自我吹嘘。一句自卖自夸的话，往往是一颗丑恶的种子，一旦由你的口中播入他人的心田，便会滋长出令人生厌的幼芽。如果你总是拿一件事情翻来覆去地说，会使人感觉乏味，所以，和陌生人初次交往时，应该保持谦逊的态度。

2.不要打断别人

每个人在滔滔不绝时都希望周围的人是自己忠实的听众，而自己就是谈话中的主角。这时，如果边上突然有人不断插话，会让我们的主角不满甚至生气。所以，出于最基本的礼貌层面，我们也要不轻易在他人谈话时插嘴。除非你真的感到有必要在别人讲话进行时发表自己的意见。

3.不要侵犯他人的隐私

隐私是一个很私人的范畴，对于陌生人，我们不要贸然问人家工资、年龄、家庭情况等详细信息，尤其是当对方有意回避不谈时，我们就不应该再“哪壶不开提哪壶”。

人与人之间的关系是平等的，没有人喜欢接受别人的训斥，尤其是并不熟悉的陌生人，因此，在交谈中，我们要尽全力避免“训斥”“挖苦”等负面情绪的出现，多用“赞美”这一方式。当然，我们要学会正确地赞美，这可以帮助我们在与他人意见相左的时候把我们的意见表达得委婉一些，使得别人更容易接受。

第3章

跟谁都能聊得来——看人说话的交流方式

生活中，与人交谈的时候，往往很难避免出现尴尬或者无趣的情况，这是因为不同的人有不同的脾气和交流方式，在交谈的过程中很容易因为自己的喜好和情绪变化展现出不同的状态，如果遭遇“不对脾气”，甚至“话不投机半句多”的尴尬，该怎么办呢？如果你懂得了看人说话，也就懂得了和任何人都能聊下去的技巧，就不用害怕了。

先观察对方再开口

中国有句谚语说："到什么山唱什么歌，见什么人说什么话。"大多数交际红人都深谙此道，所以才能在交际中左右逢源，大出风头。也许，在日常生活中，我们并不一定需要掌握那么高的说话技巧，但在适当的场合、对适当的人说适当的话的技巧还是非常有用的。

这天一早，黄馨拜访一家电子厂商的总经理，由于对方的订单大，而且是公司的VIP客户，因此她亲自出马。到了电子厂之后，黄馨被带到对方的会议室。不一会儿，总经理走了进来。

双方一阵寒暄之后，总经理开门见山地说："黄经理，你们之前做的服装不但面料不好，而且价格偏贵，你看这次一定要给我们优惠，否则我们就要找别的公司合作了。"

黄馨一听，就知道总经理在找借口，以不合作来威胁她，想要省钱。于是她笑着说："那是自然，像总经理这样气度不凡的领导者真是罕见，短短的几年时间，就能让一家电子企业拔地而起，实在是了不起啊。"

总经理笑呵呵地说："那是，想当初我创办企业的时候，可以说是两手空空，靠的就是我的艰苦努力，那时候，只有三五个人，一两台机器，好不容易在这个瞬息变化的大市场中找到了自己发展的一条路。"

黄馨有同感地说："是啊，是啊，实在是太不容易了。那总经理一定吃了不少苦吧？”

总经理点了点头说：“那是肯定的，当时为了省钱，连一顿5块钱的面都吃不起，为了联系客户，连个车都舍不得打。现如今，企业能有这样的成就，我也算没有白辛苦。”

黄馨接着说：“嗯，那在总经理的带领下，企业一定会迅速成长。”

总经理笑呵呵地说：“那是，我要让我的企业在两年之内，业绩翻两番。”

黄馨一转话题说：“企业要发展，可不能亏待了员工，尤其是员工的服装，直接体现着企业的形象。像总经理现在有这么大的成就，野心勃勃，想必不会在服装这么小的问题上节约成本吧！”

总经理点着头，笑着说：“没问题，就按你说的那样办。”

故事中的总经理在黄馨的恭维下，一步步地顺着黄馨设置的路线，慢慢地走到了合作的道路上。由此可见，不同的人所渴望得到的欣赏和赞美是不同的。每个人，由于生活环境、接受的教育程度、性格、性别、社会地位等方面的不同，导致了他们所能接受的说话方式、语言习惯等方面的不同。因此，与人说话，一定要看清对象，因人而异。“见什么人说什么话，因人而异”是非常必要的，否则就会犯“对牛弹琴”的错误。

一般情况下，运用“因人而异”要考虑以下几个方面。

（1）性格。现实生活中，有些人内心方正，有些人内心圆滑；有些人对外方正，有些人对外圆滑。从这个角度考察，人们呈现四种形态：内方外方，内方外圆，内圆外圆，内圆外方。和不同形态的人交往，要用不同的交际之道。若对方性格直爽，便可以单刀直入；若对方性格迟缓，则要“慢工出细活”；若对方生性多疑，则切忌处处表白，应该不动声色，使其疑惑自消。

（2）年龄。不同年龄阶段的人，感兴趣的说话方式也是不同的：对年轻人，应采用热情的语言；对中年人，应该理性地说话；对老年人，应尽量表示自己的尊重。

（3）性别。男性更喜欢干脆的交际语言；而女性，则需要温柔一点的。

（4）职业。不同职业的人，说话习惯也是不同的，我们要尽量运用与对方所掌握的专业知识关联较紧的语言与之交谈，这样，对方对你的信任感就会大大增强。

（5）兴趣爱好。每个人的兴趣爱好都不相同，当你谈起有关他的爱好这方面的事情时，对方往往会兴致盎然，同时，无形中也会对你产生好感。

有的人性格直，比较强势，说话不喜欢拐弯抹角，他们这样说话，也喜欢这样说话的人，对于这种人，恭维的时候不妨直接一些，把话说得直白一些，让对方听着舒服。那些个性平和温顺的人，他们更喜欢含蓄一些、委婉一些，恭维他们的时候可以暗示，也可以点到为止，心照不宣。这样说话，他们听着舒服，也乐于接受。如果说得过于直白，反而让他们感觉不好意思。

如何快速攻克人心

我们深知，有求于人时，你得具备一套过硬的嘴上功夫。“打鼓打在点子上”，这是人们经常提到的一句话。不仅打鼓如此，说话亦如此。求人帮助，只要懂得说话的技巧，即使是天大的难事，也不会令你望而却步。

有一次，奥普拉主持一个谈话节目，其中几位嘉宾是曾有过吸毒经历的母亲。其中一位母亲讲到，她是因为害怕失去男朋友才染上毒瘾的；另一位母亲则说，自己之所以来参加节目，公开自己的隐私，是因为奥氏从来不说假话。这时候，奥普拉再也忍不住了，冲口说道：“我也吸过可卡因的，咱们同病相怜！”

话音刚落，一旁的同事惊慌不已，她却坦然道：“没事儿，一切都过去了，一切都会好的。”正是在她的带动下，谈话者才都坦然地道出自己的真实感情来。

奥普拉作为一个明星主持人，说话如此坦率，令人佩服。也正是因为如此，才给人一种亲近感，得到对方同样坦率的回答。

那么，我们该怎样打动对方呢？

1.说话饱含感情

“真是久仰大名”“一日不见如隔三秋”类没有感情色彩的话语，如同一束没有生命力的塑料花，它非常美丽，但缺少活力，不鲜活动人，没有动力。

2.表达真诚

一个说话真诚的人，更容易让人相信、亲近。试想一下，那些冠冕堂皇、虚情假意的话，怎么能让人产生亲近感？因此，即使对话双方身份不同、处境各异，只要说的是坦率的、真诚的、发自肺腑的话，往往都能起到感动人心的作用。

3.站在对方角度说话

如果与人对话时多从沟通的角度出发，多一点将心比心的理解，多说一点善解人意的话，那么，语言表达就容易引起对方的共鸣，一种独特的亲和力也就寄寓其中了。比如，当对方正遭受某种不幸时，你应感情真挚地表达自己的理解，你可以说：“你的心情我能理解……”而假如你漠不关心，对方是不会答应你的请求的。当然，打动对方的说话方式和要求还有很多，需要我们留心发现。

在求助别人的时候，真诚的语言往往能打动别人的心。对于女性来说，尤其是这样的，至少要让别人感觉到你是真的需要帮助。这样，他人才会伸出援手，否则就是干涉你的私事。在这个过程中，你的真诚代表的是你的态度、你的请求。

找到对方的兴趣点

好的话题，是初步交谈的媒介，深入细谈的基础，开怀畅谈的开端。一旦找到这个话题，就能使谈话融洽自如。我们发现，能言善辩、在人际往来中如鱼得水的人，往往在与对方接触的一瞬间就能找到双方感兴趣的话题，从而引发对方交谈的兴致。因为人性中有这样一点：人们首先是对自己感兴趣，而不是对其他事物感兴趣，换句话说，一个人往往关注自己胜过关注别的事物一万倍。

小刘是一家公司的业务经理，应酬吃饭对她来说已经习以为常，但是这的确是一件苦差事，特别是她单枪匹马主持饭局的时候，既要面面俱到地点菜配酒，又怕冷落了宾客，真的分身无术。但是，多年的商务饭桌经验，让小刘见多识广，她曾见过有人一味奉承低俗不堪，有人黄色段子层出不穷，有人海阔天空不着边际，有人自言自语狂妄自大，还有人穷追不舍誓达目的令饭局索然无味等。作为饭局的主持人，小刘总是能够察言观色，雅俗共赏，分别对待，这也往往是小刘饭局成功的关键。

在人际交往中，能用来接近对方的话题可说俯拾皆是，关键在于要善于根据特定的情境去发掘，并恰到好处地运用。

1.进行言语试探，寻找话题

两个年轻人一起坐在杭州某车站的同一条长椅上。

“你好，请问你在什么地方下车？”其中一人问对方。

“到终点站，你呢？”

“我也是，你到浙江什么地方？”

“我到杭州上学，你就是此地人吧？”

“不是的，我是来找女朋友的。”

经过言语试探，双方发现彼此都对浙江很熟悉，又都是外来者，这样他们的共同点就彼此清晰了。两个人发现对方的共同点后谈得很投机，还约定要一起喝咖啡。

言语试探时，你不妨从天气、籍贯和衣着等方面着手。因为问对方这些方面的问题不易触及对方敏感处。

2.借助媒介，引入对方感兴趣的话题

即以一定的物和事为媒介，作为引发交谈的“因子”。比如，你想结识坐在你身边看报纸的这位先生，你可以以报纸为媒介，对他说：“先生，对不起，打扰一下。请问您手里拿的是《人民日报》吗？今天有什么重要新闻吗？”如此一来，就开启了双方对话的话头。

3.善于观察，找出对方在意的事物

比如，对方一直把玩摄影机，这就表明他对摄影感兴趣。你可以此为题，谈摄影的取景、胶卷的选择、各类相机的优劣等。如你对摄影略知一二，那定能谈得很融洽。如你对摄影不了解，也可借此大开眼界。

总之，以对方的兴趣引发谈话，能让话题更投机。因为对方对于自己最感兴趣的事，总是最熟悉、最有话可谈，也最乐于谈的。当然，引出对方感兴趣的话题的方法还有很多，需要我们善于发现，然后加以引导。

用祝酒词打开对方的话匣子

现代社会的交际，少不了宴会，很多人都想通过请客吃饭来打开对方的话匣子，但很多人绞尽脑汁也想不出一句合适的开场白。其实，交际场合的宴会，肯定少不了酒，那么，我们何不以幽默风趣的祝酒词来打开对方的话匣子，让美酒良言来促进彼此间的感情呢？

1984年，缅甸总统吴山友访问上海，上海市长在祝酒词中引用了陈毅元帅《致缅甸友人》的诗句："我住江之头，君住江之尾，彼此情无限，共饮一江水。"大家都知道中缅交界只有一江之隔，两岸人民共饮一江水。这篇祝酒词话语亲切，表达了中缅两国人民之间的情谊，外宾当然十分高兴。有一次，一位中央领导访问朝鲜，在告别宴会上祝酒时，曾引用李白《赠汪伦》诗中"桃花潭水深千尺，不及汪伦送我情"的诗句来热情赞誉主人的深情厚谊，赢得了朝鲜人民的认同。

当代人把设酒宴、办招待当成一种有效的沟通手段，所以，宴会当中幽默风趣的祝酒词自然也是你打开对方话匣子的最有效手段。对此要注意以下几点：

（1）祝酒词不可随意夸张，不要随意渲染，必须简要，两三句便可。不要独自和某一个人展开忘我的长谈，必须注意处理好与众人的关系，不要对这个冷、对那个热。

（2）祝酒词要有文采，可以适当引用成语、名言、典故、诗词，要话语幽默，这样才能使讲话更有感染力。

（3）如果你对对方不甚了解，那祝词最好就是些纯粹祝福的话语，但要力求脱离俗套、与众不同，以免弄巧成拙。

祝酒词最重要的是显示自己的优雅自然，无论是幽默俏皮的还是端庄热情的，最忌流俗和粗俗，有暧昧的联想，否则就是失败的。不妨在赴宴之前模拟几段祝酒词，然后再根据现场气氛，进行灵活变换，如此就能让自己的祝酒词巧妙而多彩，显示自己的修养和内涵。

长话短说，把复杂问题简单化

说话是否精彩，重点不在于话语的长短，而在于是否说出了事情的关键，是否把话说到了点子上，是否打动了听众。其实，很多时候，人们都不愿意听那些空话、套话，甚至可以说那些没有实际意义的废话就是对听众的一种精神折磨。因此，想让你语言更具魅力，更能让听者接受，就要学会长话短说，学会用简单的语言表达出复杂的意思。

从前有个酒店老板想给自己店面写块招牌，于是备下厚礼请了几个秀才来为他写招牌。其中有个秀才先大笔一挥写下了“此处有美酒”五个大字。老板看了觉得好，但其他秀才纷纷议论，说他写得太啰唆……总之是各有各的说法，这下可把老板搞糊涂了，不知道到底听谁的好。这时，一位店小二过来，随口说了一句：反正都和酒有关，我看不如直接写一个“酒”字最省事，众人一听，都觉得这个提议不错，纷纷向店小二投去了赞许的目光。

古语说：“言不在多，达意就行。”店小二虽然不像秀才那样渊博，但他的提议抓住了事情的关键，让本来很烦琐的事情一下子变得简单明了，自然很容易被众人所接受。因此，人际交往中，我们一定要言简意赅，这样才会让你的语言更具吸引力。

（1）累赘连篇的话语，很容易使听者茫然，使其产生厌烦情绪，自然达不到预期的目的。

（2）说话简洁也要从实际情况出发，切忌为了简洁而硬是掐头去尾，要明白，你是为了更好地表达意思，而不是为了图方便。

（3）要学会透过现象看本质，并善于综合概括，这才是做到言简意赅的基础。否则，胡乱的简短很有可能弄巧成拙。

在生活中，你仔细观察就会发现，言简意赅的人说过的话，人们往往会记得很牢；啰唆冗长的人说过之后，人们不仅记不住他说过的话，还会很烦他。言简意赅要求我们说话要简洁，不啰唆冗长。这点尤其重要，因为很多人说话的时候不重复好几遍就觉得听众听不明白；只有平时多注意并且对症下药，才能克服这一缺点。

第4章

巧妙提问打开话匣子——用问题攻破对方的心理防线

提问是一门艺术，想要提出好问题，需要智慧作支撑。你能否获得你想要的答案，或挖掘出优质的答案，在大多数时候取决于你提问的方式。当然，一个精彩的提问，可以诱发人们的思考，给人以启迪，甚至可以吸引更多的眼球和掌声。深谙提问模式，掌握一些小技巧，就可以成大专家。

巧用提问掌握主动权

日常沟通中的双方不会都站在同一个层面，有时候我们面对的对方，有可能阅历比我们丰富，学历比我们高，我们在这样的场合会非常没有自信，总是觉得己不如人。心里有这样的想法，就会不时地通过谈话透露出来，使自己处于谈话中的下风。这样就会限制我们的观念和意见的表达，让我们在谈话内容中涉及的观念和意见不攻自破。怎么让自己在对话中处于上风？这就需要说话中的一个技巧——问题攻势。如果你想在和对方的谈话中占上风，就应该提前准备很多预计对方根本回答不上的问题，连续向他发问。当对方回答不了这些问题，当你看到对方面露难色的时候，你肯定能逐渐平静下来，恢复自信，如此，你就占了上风。

一位年轻人突然接到命令，是到某银行的一个实力雄厚的分行任行长。这位年轻人受命来到分行，大家见到分行行长非常年轻，一点都不信服。银行中经验丰富的老职员们都发牢骚说："难道就让这小子来指挥我们？"

但是，令大家都没有想到的是，分行行长一到任，就立即把老职员一个个找来，连珠炮似的问起了问题。

"你一周去B食品公司访问几次？每个月平均能去几次？"

"制药公司的职员是我们的老客户，他们在我们银行开户的百分比是多少？”

……

就这样，在大家诧异的眼光中，这位年轻的分行行长问倒了所有的老职员。

年轻的分行行长知道自己的年纪肯定不能让老职员们信服，而他的经验也不如老职员们丰富，于是他聪明地避开正面的交锋，而是一到任就立即把老职员一个个找来，问起了问题，年轻分行行长在这里使用的就是“问题攻势”这个方法。这样的方法使得他问倒了所有的老职员，令他在气势上占了上风，以后银行的老职员定会信服他。

有一天晚上，王小姐刚在夜校上完课回家，有位年轻男子从她后面跟上来，想和她谈谈心。王小姐一看这位年轻男子，身穿着红色衬衣，肩上挂着西装背带，胸前还挂个耶稣像的十字架，心里对这个男子的思想状态已经相当明白了。男子非常诚恳地拜王小姐为师，表示要学好文学和外语，王小姐见他真诚，就和他谈起心，于是他们的沟通从一连串的问题开始了。

王小姐：“你为什么要戴这个十字架呢？”

年轻男子：“你是搞中国古典文学的，还懂这玩意儿？”

王小姐：“你真是小看我了，我要连这个问题都答不上来，今天我算不算在你面前丢面子了？”

年轻男子：（微笑不语）。

王小姐：“你不是在学外语吗？我问你，‘圣经’这个词，英语怎么说？”

年轻男子：……

王小姐：“bible。”

王小姐：“你每天戴着十字架，会念祈祷词吗？”

年轻男子：“不就是阿门吗？”

王小姐：“不对。你读过圣经吗？圣经都讲了些什么呢？”

年轻男子：“不知道，没读过。”

王小姐：“《旧约全书》和《新约全书》的主要内容是……你知道美的实质吗？”

王小姐：“比如，有个女孩长得非常漂亮，笑起来还有两个可爱的小酒窝呢。表面看，挺漂亮的，但是有人告诉你，她竟然是一个小偷，你还认为她美吗？”

年轻男子：“内外不一致，不美。”

王小姐：“有一个修女，外表穿得很肃穆，内心对耶稣很虔诚，胸前挂着一个十字架，你觉得她美吗？”

年轻男子：“内外相和谐，对基督徒来说，还是美的。”

王小姐：“那么请问，你既不懂基督教，又不信耶稣，胸前戴着十字架，你是美在哪儿呢？”

年轻男子：“呃……”

王小姐：“你以前为什么戴它呢？”

年轻男子：“我看外国人戴，外国人能戴，我干吗不能戴？”

王小姐：“你的领导没有批评过你吗？你从来不思考自己的行为吗？”

……

在谈话中巧妙地使自己原本处于下风的姿态转换为瞬间占在上风，这样更容易让人信服。“问题攻势”就是连续地向别人提问，如果这个时候你故意问对方你知道的事情，也许会被认为是不怀好意。但是，问题攻势的目的就是让对方丧失气势，所以你在这个时候绝对不能心软，要尽量使用这个办法，压倒对方的气势，使自己处于上风的位置。

1.使用蜂音技巧

有研究者发现，这种连珠炮似的发问就像“蜜蜂振动翅膀发出的令人烦躁的声音”，并把它叫作“蜂音技巧”，就是一种用让人心烦的聒噪声来驳倒对方的战术。对于涉及很详细数字的问题，人们往往不可能立即回答出来，所以这个战术对于在谈话中取得上风十分有效。假如对方能够一下子就回答出来，那你可以继续追问 “除此之外，你还能举出什么例子吗”等问题，直到对方哑口无言。到最后，对方一定会回答不出来的。

2.模糊问题本身

既然通过蜂音技巧展开问题攻势的目的是驳倒对方，那么一定要记住，所提出的问题要抽象、模糊，尽量找对方不好回答的问题。对方越回答不出来问题，你占据上风的优势就越明显，你就越有可能取得对话中的胜利，就越容易说服对方。

由浅入深，提问要有层次感

登门槛效应，也称得寸进尺效应，是指一个人一旦接受了他人的一个微不足道的要求，为了避免认知上的不协调，或想给他人以前后一致的印象，就有可能接受更大的要求。这种现象，犹如登门槛时要一级台阶一级台阶地登，这样能更容易更顺利地登上高处。其实，每个人都有一种在他人面前保持形象一致的心理需求，他们不希望自己被看作反复无常、莫名其妙的人。基于人们这样的心理，我们需要巧妙利用登门槛效应，一步步提问，由表及里，使提问呈现出一定的层次感，令对方欣然接受。

许多说话者在设计问题时存在很多弊病，比如，问题设计无序，没有层次感；问题设计得或浅显或深奥，不符合对方的认知层次；有的人甚至根本没经过大脑思考就随便提问。问题不能过于直接、浅显，太简单的问题就如一碗水无滋无味，没有任何思考的空间和余地，对方只需要回答“是”或“不是”，“好”或“不好”就行，这样无疑会限制对方的言语。问题太困难，不容易回答，对方会感到无所适从，无处下手。

美国社会心理学家弗里德曼与弗雷瑟在1966年做了这样一个现场实验：实验者让助手到两个居民区劝人们在房前竖一块写有“小心驾驶”的大标语牌。助手在第一个居民区向人们直接提出这个要求，结果遭到很多居民的拒绝，接受的仅为被要求者的17%。在第二个居民区，助手先请求各居民在一份赞成安全行驶的请愿书上签字，这是很容易做到的小小要求，几乎所有的被要求者都照办了。几周后助手再向他们提出竖牌的要求，结果接受者竟占被要求者的55%。

同样都是竖牌的要求，却产生了截然不同的结果，为什么呢？原因在于，当你向对方提出一个微不足道的要求时，对方难以拒绝，否则，就显得太不近人情了。于是，一旦接受了这个请求，就仿佛跨越了一道心理上的门槛。当你再提出较高的请求时，这个要求和前一个请求有了继承的关系，对方就容易顺理成章地接受。

在钟表店里，一只组装好的小钟，放在了两只老钟的当中，其中一只老钟对小钟说：“天啊，这么小的钟，等你一年走完3200万次恐怕便吃不消了。”小钟吃惊地说：“要走那么多次，我可办不到。”另一只老钟说：“别听他胡说，你可以每一秒‘嘀嗒’一下吗？”小钟将信将疑说：“啊，这么简单吗？我当然可以。”就这样，小钟很轻松地在每秒的“嘀嗒”声中不知不觉走完了一年，它回过头一算，果然摆了3200万次。

登门槛效应给我们的启示就是，当我们需要向对方提出一个比较大的要求时，可以先不直接提出，因为这个要求很容易被对方所拒绝。在这时，你可以先提出一个较小的问题，被答应后，再提出那个较大的要求，这时候才会有更大的被接受的可能性。当我们在说服他人的时候，也需要灵活运用这一效应。

问题的设计要有梯度，环环相扣，逐层递进，遵循从易到难、自简至繁、由浅入深、由表及里的原则，一步一个台阶地把问题引向深入。我们在设计问题时要明确目的，设计一些有价值的问题。在设计问题时，不仅要考虑应该提出什么样的问题，还需要思考为什么要提这样的问题。好的提问，不仅可以令对方滔滔不绝，还能通过富有吸引力的提问活跃交流气氛，调动对方的积极性。所以，我们在实际提问的时候，要注意筛选不同的内容，做到分层次提问。

豆豆早晨喜欢赖床，每天早上到了八点才起床，爸爸向豆豆提出了要求："以后每天早上提前两个小时起床读书。"豆豆听了立即表示抵触，妈妈见此情景，用商量的语气说道："那先每天提前十五分钟起床好吗？"豆豆听了马上就答应了。过了一段时间，妈妈又提出再提前十五分钟起床的要求，豆豆也很爽快地答应了。就这样，用了不到两个月的时间，豆豆完全做到了每天提前两个小时起床。

在这里，妈妈所使用的口才心理策略，就是典型的登门槛效应。比如，对一个推销员来说，当他可以令顾客打开门，跟顾客展开交谈时，其实，他就取得了一个小小的进步。在这样的情况下，假如他能够说服顾客看一看他的产品，那么，他就可以再提出"购买产品"的要求，而且，这样的要求很有可能被满足。

1.降低要求的"门槛"

如果你想要顾客购买自己的糖果，需要降低自己要求的"门槛"，不妨先说："这是我们店刚进的新品种，清甜可口，甜而不腻，您先品尝一下，好吗？"对方在"恭敬不如从命"的心理状态下品尝了糖果，这时候你再提出"购买"的要求，对方一定不会拒绝的。

2.先提出一个微不足道的要求

一般情况下，男生都是这样“追求”女孩子的，“这道题我不是很理解，你能帮帮我，给我讲解一下吗？”之后呢，紧接着：“顺路，我送你回家吧……”就这样一步步“说服”对方成为自己的女朋友。而且，由于是遵循了“登门槛效应”，在整个过程中，对方不会有不安的感觉。

3.“哪怕一分钱也好……”

心理学家D.H.查尔迪尼代替某慈善机构做一次募捐活动，他对一些人说了一句话：“哪怕一分钱也好，您愿意伸出援助之手吗？”结果这些人的募捐要远远高于另外一些人。当我们在向对方说出“哪怕……也好”的时候，就会产生登门槛效应，使得对方欣然接受我们的请求。

投石问路，找到合适的切入点

向河水中投块石子，探明水的深浅再前进，就能有把握地过河。在日常沟通中，我们在与对手交流时，也可以先提一些“投石”式的问题，比如，“假如我们订货的数量加倍或者减半呢”“假如我们和你们签订一年的合同，或者更长时间的合同呢”，在略有了解之后再进行有目的的洽谈。使用这种方法，需要我们做一个有心人，你可以从对方的回答中发现对方与自己的共同利益之处。双方互相试探，你提出了投石的问题，对方进行了回答，其后你们就可以根据“问题”的突破口进行洽谈，以快速达成双方都认可的协议。这其中最重要的是在听对方介绍时要仔细分析、认识对手，发现可以利用之处再进行深入交谈，并不断地发现新的共同利益。

当公司还是一个小工厂的时候，王姐作为公司的领导，总是亲自出门推销产品。而每次碰到砍价比较厉害的对手的时候，她总是真诚地说：“我的工厂只是一家小作坊，这大热天的，工人们在炽热的铁板上加工制作产品，汗流浃背，他们该是多辛苦啊！但是，一想到客户，他们依旧努力工作，好不容易才制造出了这些产品。为了对得起这些辛苦的工人，我们还是按照正常的利润计算方法，你看如何？”

听了这样的话，客户开怀大笑，说：“许多来找我推销产品的人在讨价还价的时候，总是说出种种不同的理由，但是你说的很不一样，句句都是在情理之中。我也能理解，你和你手下的工人都不容易，好吧，我就按你开出的价格买下来好了。”

投石问路是一种向对手的试探，也就是在沟通中经常借助提问的方式，来摸索、了解对手的意图以及某些具体情形。日常销售过程中，投石问路是一种常见的方式，作为交谈的一方，你可以从对方那里得到对方很少主动提供的资料，以此来分析商品的成分、价格等情形，便于自己作出合适的决定。在沟通过程中所提出的每一个问题都像是一颗探路的“石子”，你能够通过对产品质量、购买数量、付款方式、交货时间等问题来了解对方的具体情况。

在沟通过程中，不要仓促前行，而要谨慎向前，一边提问一边走路，如此方能获得自己想知道的信息。不断地投石问路能让对方疲于对付，如果对方想要拒绝你的提问，通常来说是不礼貌的；而且，对方面对这样连珠炮式的提问，大多数都宁愿适当放弃自己的利益，也不愿意继续回答问题。

投石问路的方法并不是绝对地奏效，因此我们在使用这个方法时还应该注意几个问题：

1.提问更具体

在正式沟通中，有的问题太泛泛而谈，让人难以回答；有的问题太笼统了，答案并没有在自己掌控的范围之内。为此，我们可以先问几个是非题或选择题，把对方有价值的话题找出来，再继续往下问。

2.因势利导，巧用“对方”的石子

有时我们会遭遇对方的“投石问路”，这时不妨针对他想知道更多情况的心理，对其进行有意识的引导，提出反建议，将对方扔过来的石子还给对方。比如，“您问的问题我都答复了，怎么样，请您考虑我的条件吧”。如此因势利导，往往能促进沟通走向成功。

旁敲侧击，试探出对方的真实想法

在实际沟通过程中，有时候，在提问时我们还可以采取“旁敲侧击”的方式，多问几个与主题相关的问题，然后在这些问题中找出正题的答案，这也是一种有效的提问方式。当主题变得太庞大的时候，或者说我们无法用直接的方式提问的时候，就可以采取这样的方式。当然，我们所询问的其他问题，必须是与正题相关的问题，否则，即便提问再多，也无法找到正题的答案。

学生们在学习贾平凹的《风筝》这篇散文的时候，有位老师采用了以下两种截然不同的提问方式。

第一种提问：

老师：我们在做风筝的时候，心情怎么样？你是从哪些词句中体会到的？请把相关的句子画出来。

老师：请把做风筝时的快活读出来。

第二种提问：

老师：这一段话是介绍我们小时候做风筝的情景，请大家认真默读课文，看看我们做的是一只怎样的风筝。

学生：我们做的是一只蝴蝶样的风筝。

老师：还有不同看法吗？

学生：是一个什么也不像的风筝；是一个叫作“幸福鸟”的风筝；是一个带着憧憬和希望的风筝。

老师：风筝完工前，我们的憧憬和希望是什么？

学生：希望做出来的风筝很漂亮，像一只美丽的蝴蝶。

老师：我们精心做着，可做出来的风筝——

学生：什么也不像了。

老师：你一心想把事情做好，很认真地做了，结果做得很糟糕，这时候，你的心情会怎么样？

学生：伤心，难过，觉得没劲，打不起精神。

老师：做了个“四不像”的风筝，可我们为什么依然快活呢？

学生：只要风筝能飞起来就行！因为是自己亲手做的，再丑也喜欢！我们更在乎做风筝的过程。

老师：是呀！在我们看来，过程比结果更重要。这小小的风筝里，承载的是单纯的童心，是简单的幸福，是童年的快乐。让我们带着自己的理解，美美地读一读吧。

前一种提问方式：做风筝的时候，心情如何？“如何”比较简单，学生只需要在课文中简单地搜索，稍微“编辑”一下就可以作出回答。而后一种提问方式，则是旁敲侧击，引领学生在言语的丛林中反复走了几个来回。最后，让学生有了全面而深刻的感悟，把散文读出了情感、读出了味道。

席燕从事化妆品的销售工作，她热情的话语、开朗的性格赢得了很多回头客，既为公司也为自己带来了效益。但是，有的顾客对于她的话语不怎么感兴趣，她们在购买化妆品时，往往根据自己的喜好进行选择。有的顾客选到了自己喜爱的化妆品，乐不可支。而有的顾客虽然也对一些化妆品感兴趣，却因为其高昂的价格而犹豫不决。为了让这些顾客购买到喜爱的化妆品，席燕常会不失时机地说话，她旁敲侧击的提问常会促使顾客购买成功。

一次，一个女孩前来购买化妆品，她选中了几款化妆品，但是极高的价格让她一时拿不定主意，徘徊不定，犹豫不决。看到那个女孩有购买的欲望，席燕不失时机地走上前与其说话，问她："你好，这款化妆品在我们店里走得非常好。"女孩："我不知道适不适合我的皮肤。"席燕查看了女孩脸上的皮肤，说道："你的皮肤是偏油性的，这款化妆品正好适合你的肤质，相信你用过之后肯定会感觉很清爽，现在需要我为你包起来吗？"女孩似乎还是不确定，席燕通过前面两次问话，得知这位客户犹豫不决的个性，于是，直截了当地问了一句："难道你还需要征询一下亲人的意见吗？"听了席燕的话，女孩没有再多说什么，立即购买了下来。

席燕先是通过旁敲侧击的提问，得知这位顾客的个性就是犹豫不决，所以她顺势巧提问、激将对方，刺激顾客的购买欲望，达成了自己的销售目的，也满足了顾客的购买欲望。通过运用有效的提问技巧，席燕的销售业绩不断提升，为公司创造了良好的效益，自己也拥有了一笔小小的财富。

1.提问要提得巧

同样一个主题的问题，提问的方法和角度是多种多样的。问得旁敲侧击则巧，问得直接则显得愚笨。提问的目的是获取答案，指明方向，促使双方之间的沟通，是启发对方，让对方有话可说，而且说得精彩。

2.旁敲侧击是智慧的提问

假如是十分直接的提问，目标意识太过于强烈，雕刻的痕迹太过于严重，那对方就很容易产生厌倦和排斥之感。俗话说："欲速则不达。"提问也是一样的道理，智慧的提问，是旁敲侧击，既能"山重水复"，又能"柳暗花明"，旁逸斜出以求出其不意，曲径通幽巧入世外桃源。

3.提一些开放性问题或探测性问题

有时候，一些开放性问题也可以起到旁敲侧击的作用。比如，"你对现在的危机有什么意见？""你觉得灵活的工作时间怎么样？""假如你赢得了100万美元，你会选择做什么呢？"或者，你也可以提一些探测性问题，"那时你多大了？""ABC公司的销售额是多少？""有多少员工在你手下干活？"

适时提问，引起对方的兴趣

在倾听对方说话的过程中，如果只是敷衍而木讷地听对方讲述，也是不行的，还需要鼓励对方继续说下去，所以，在倾听的过程中要适时地提问，以引起对方的注意和说话的欲望。另外，一个人唱独角戏的滋味真的不好受，这会让对方觉得自己没有受到足够的尊重，而且，适时的提问其实也是一种反馈的行为。当对方在说某一件事情的时候，他不可能一鼓作气地说完，而是中间会有适当停顿或休憩的时间，其实这个空白就是留给倾听者作出回馈的。

马超攻打葭萌关的时候，大有无可抵挡之势。张飞怒气冲冲地来到刘备面前请战，要去给马超一个下马威。军师诸葛亮的心中早就有让张飞出马的打算，却故意在刘备面前说："马超有万夫不当之勇，汉军之中无人能敌，看来只好派人去荆州请云长来了。"张飞听到之后，十分不满，大叫道："军师也太小瞧人了，当年我曾只身抗拒曹军百万，难道一个小小的马超还能让我无可奈何吗？”

诸葛亮却刺激他说：“当阳之战是因为当时曹操不知你的虚实罢了，否则，你也不会如此幸运。马超可不同，当年他曾经杀得曹操割须弃袍，狼狈逃窜，绝非浪得虚名之辈，哪怕是云长来了，也未必能够战胜他，张将军还是不要在这里逞强了吧！”

张飞发怒了，大声地说：“我立下军令状，如果不能战胜马超，甘当军法处置！”诸葛亮听了，装作勉强同意的样子，让张飞立了军令状，之后才让他领兵去和马超作战。张飞来到阵前，和马超大战了三百回合，虽然没有将他刺于马下，却大大地打击了马超的锐气，让他不敢小觑西川，最后投降了刘备。

对待关羽，诸葛亮却采取了与对待张飞相反的办法。马超归降之后，关羽想和他一决高低。为了避免伤和气，诸葛亮修书一封给关羽说：“马超虽然英勇无比，但是只能和张飞并驾齐驱，哪里能和你‘美髯公’相提并论呢？何况，关将军身负镇守荆州的重任，如果因为和马超比武而离开，荆州的安全就无法得到保障了，所以还是不要自降身价去和马超比试了吧。”关羽看到信之后，心下大喜，也就打消了和马超一决高下的念头。

与人说话是要讲究策略的，要根据对方的个性选择相对应的方式，对于喜欢委婉的人，就要说旁敲侧击的话；对于性格率直的人，可以说些急切的话；对于性情孤傲的人，可以说些恭维的话；对于喜欢学问的人，可以说点高雅的话。在这个事例中，尽管诸葛亮对不同人的说话方式不一样，但所使用的都是适时提问的方法，以引起对方的兴趣，最终实现自己的目的。

对于对方说的话，我们肯定会有许多的疑惑或不解，既然如此，不妨就以提问的方式作为回馈，比如，“后来怎么样了？”“当时可真够辛苦的，没想到你还是坚持了下来，是什么力量促使你支撑到现在的呢？”通过提问，对方会觉得原来你有在认真听他说话；另一方面，对方会根据你的提问而作出相应的回答，从而更有了继续说下去的欲望和兴趣。

公司年会上，酒过三巡，王董事长又向别人讲起了自己的创业史，新来的同事小松并没有走开，反而把身子往前挪了挪，神情专注地听王董事长的光荣战绩：“想当年，我不过也才这般年纪，不怕吃苦不怕遭人白眼……”“您说得对，咱们这一代就是缺点不怕吃苦的精神，看来我得向您学习啊！”小松随声附和，接着问道：“听说，您当年那会儿，做销售特别难，您是怎么咬牙坚持下来的？”王董事长来了兴趣，回答说：“是啊，那会的人们哪像在现在这样，有电视广告看，对于上门推销的人也很理解，那时候只要有人看着我提着袋子去敲门，他们都会将门关得紧紧地，我连个问候都来不及说出口，别人就把我拒之门外了，那段时间真是艰难啊，产品卖不出去，我就只好东一餐西一顿，每天都是勉强不挨饿……”

小松点点头，问道：“您过去的这段经验真是宝贵，那您觉得，对于我们现在这样的年轻人来说，在做销售的过程中，应该注意哪些问题呢？”王董事长越说越有激情：“你们啊，现在就是缺乏吃苦、学习的精神，千万别小看了你们身边的那些老同事，当时他们都是跟随我打江山的人，在他们身上有许多值得你们学习的地方，我希望你们能发扬吃苦耐劳的精神，保持谦虚的学习态度……”

在小松的适时提问之下，王董事长越说越起劲，因为他觉得自己所说的话有人愿意听，所以自己就有了继续说下去的欲望和兴趣。同时，倾听者不时向自己提问，那表示对方对自己说话的重视和支持，这也可以成为说话者继续说下去的动力之一。

1.倾听时适时提问

在倾听对方说话时，我们要懂得适时提问。当然，在提问时不应该连续提问重复的问题。对同一个问题，一旦你问了两次或两次以上，对方就会觉得你不过是在敷衍他，并没有认真地听他讲话，对你的印象也会大打折扣。此外，提出问题之后应该保持安静，等待对方回答，如果这时候你自问自答或者抢答，对方会感觉你并没有尊重他说话的权利。若对方回答不够完整，要有耐心听下去，也可以采用适当的语气继续追问。

2.诚恳提问

适当的提问表现出你对对方的谈话很感兴趣，也让对方更有兴趣继续讲下去。在倾听对方说话的过程中，我们要善于把握提问的时间。通常情况下，当对方正在诉说事情的时候，不要以提问来打断对方，而是需要等待合适的时机再进行提问，比如，对方在说完之后会有稍微的沉默，这就是最好的提问时机。当然，提问只是为了让对方继续说下去，因此，要以诚恳的态度提问，切忌以盘问、讽刺或者审问的态度提问。比如，“你不是挺厉害吗？这次怎么失败了？”这样的问题有点挑衅的味道，会引起对方心中不快的情绪。

自问自答，让对方跟着你的思路走

在日常交际中，有时候我们自己提问了，并非需要对方来回答，这时候所采用的就是“自问自答”。或许，有人觉得，在沟通中应该不会用到“自问自答”的设问，实际上，这也是一种有效的提问方式，通过自问自答，往往可以成功地引起对方的注意。在某些特定的环境下，以自问自答的形式，故意先提出问题，自己提问自己回答，这不仅可以引起对方的注意，还能够启发对方有效思考。

康熙末年，太子失宠，储君之位岌岌可危。许多有实力的阿哥们看在眼里、喜在心里，个个都摩拳擦掌，为了争夺太子之位，无所不用其极。他们为了将对手打败，就开始了在各个方面的较量和斗争，争相在康熙面前表现自己的优秀和能干，渴望得到老皇帝的垂青。

康熙四十八年秋天，皇帝前去热河狩猎，由诸皇子皇孙陪同前往。康熙决定将一柄玉如意作为奖品，奖励狩猎表现中最出色的人。因为这个如意是当年顺治赐给康熙的，一直是乾清宫里的镇殿之宝。因此，几个有野心的阿哥都把这当成太子的象征来看待，觉得狩猎获得第一就能获得储君的位置。他们在打猎的时候都使出了浑身解数，都想成为最优秀的一名。

狩猎的结果很快就出来了。那些勇猛善战的皇子们都射杀了数量不等的猎物，其中十四阿哥和十三阿哥并列第一。而八阿哥胤祭祀却没有射杀一个猎物，只是捕获了11只活的。康熙问其原因，八阿哥侃侃而谈："上天有好生之德，儿臣不愿意为了一个如意而杀生，一伤了父皇的仁慈之名……"那些素来和胤祀走得比较近的王公贵族纷纷向皇帝称赞八贤王的仁慈，建议把这柄如意赏给老八。

在大臣们的吵嚷声中，年仅六岁的弘历却大声地说："诸位说的这话不对！你们说不忍杀生是慈悲心怀，那么皇爷爷一生射杀了那么多野兽，难道就没有慈悲心怀了吗？皇爷爷一生射杀了135只老虎、132头野猪、96只狼、25只豹、20头熊、10只猞猁狲，还曾经一天之间射死了310头猪，其余哨获之鹿不计其数……天生万物本来就是供人取用的，我大清的祖先们以射猎为生，就像中原的汉人以耕田为生一样，都是上天教给我们的谋生之道……那是皇爷爷不忘本，皇爷爷如果没有射杀这么多野兽的本领，就不能平三藩，收台湾，平定蒙古叛乱，创建我大清万世的基业！皇爷爷是我大清的第一巴图鲁！"康熙听到之后，觉得这个皇孙说的话很有道理，顿时龙颜大悦，高兴地对众大臣们说："朕这一辈子封过不少人做巴图鲁，没想到，朕的巴图鲁称号却是朕的孙子给的，还是第一巴图鲁。"康熙在欣喜之下，就把这柄如意赐给了弘历。

“诸位说的这话不对！你们说不忍杀生是慈悲心怀，那么皇爷爷一生射杀了那么多野兽，难道就没有慈悲心怀了吗？皇爷爷一生射杀了135只老虎，132头野猪，96只狼，25只豹，20头熊，10只猞猁狲……”弘历通过自问自答，吸引了对方的注意力，受到康熙的宠爱。康熙二十四个儿子，一百多个皇孙，唯独对弘历格外看重，这和弘历能说话和会说话有着很大的关系。后来，康熙把帝位传给了弘历的父亲胤禛，其中原因，和这位能说会道的皇孙也有着很大的联系。

当然，我们在使用自问自答的时候，也需要注意自己的言辞是否符合语境。简单地说，你需要能够很好地提出问题和回答问题，如果没有掌握足够的知识，胡乱自问自答，那只会贻笑大方。古人说“腹有诗书气自华”，也正是这个道理。没有知识修养的人，无论有着多么高的社会地位，在讲话之中都会留下笑柄。

民国时期的韩复榘出身旧军阀，是一个目不识丁的草莽之徒，在担任山东省政府主席期间，留下了许多笑话。有一次，齐鲁大学邀请他参加校庆典礼。他在主席台上发表了一通讲话，让全校师生狂笑不已。

他这样说道：“大学生、二学生、三学生们：今天是什么天气？今天是演讲的天气。开会的人来齐了没有？没来的请举手！很好，都到齐了，你们来得很茂盛，敝人也实在感冒……今天兄弟召集大家，来训一训，兄弟有说得不对的地方，大家应互相谅解，因为兄弟和大家比不了。你们是文化人，你们这些乌合之众，是学科学的、学化学的，都懂七、八国的英文，兄弟我是个大老粗，连中国的英文也不懂……你们是从笔筒里钻出来，今天到这里来讲话，真使我蓬荜生辉，感恩戴德。对你们讲话是没有资格的，就像是对牛弹琴。”

台下的学生们听了都差点笑得岔过气去，接着韩主席又唾沫星子乱飞地说：“今天我主要是讲蒋委员长的三个纲目，蒋委员长在提倡新生活运动，兄弟我自然是要举双手赞成的，但是有一点我就闹不明白，‘行人靠右边走’，那么，留着左边的路给谁走呀？还有一件事，让兄弟感到很气愤，北平东交民巷有很多洋鬼子的大使馆，却偏偏没有我们中国的，在中国的地方竟然没有中国的大使馆，岂不是表明我们中国太软弱了吗？因此，我就向蒋委员长建议建一座中国的大使馆出来。”

……

等到韩复榘讲话完毕、退出主席台后，全校学生终于忍不住开怀大笑起来，尽情地嘲笑这个不学无术的家伙。

在整个演讲过程中，韩复榘用了自问自答的形式，但因问题不够好，回答更是出洋相，所以效果恰恰相反。他本来想通过这场讲话来塑造一个亲民的形象，也想向学生表现一下自己的学识和思想，最终却因为胸无点墨而闹出了大笑话。

在众多提问方式中，自问自答也是必不可少的一种提问方式。通过自问自答强烈地表达自己的思想与观念，可以引起对方的注意和思考，同时引出自己想要说的话，起到承上启下的作用。在实际提问的时候，我们可以将此方法灵活运用，达到自己的目的。

第5章

妙不可言的幽默沟通法——调侃妙语打破冷场尴尬

培根曾经说过，交谈时，口若悬河远远没有含蓄得体可贵。的确，有些人说起话来滔滔不绝，根本不顾他人的感受。这样的人，不值得我们尊重。相反，有些人说话时总是能够体贴他人的感受，顾及他人的颜面，让人肃然起敬。归根结底，生活中不会总是让人高兴的得意之事，很多时候乌云会遮蔽天空，原本谈笑风生的交流也会尴尬冷场。倘若有充满智慧的人能够说些幽默的话，打破尴尬的气氛，则能瞬间让一切都得到扭转，人们也不至于不知所措。幽默是一种极高的智慧，如果能在交谈中巧妙运用幽默，那么就会妙语如珠，妙趣横生，还能蕴含深刻的道理于内，却丝毫不会令人觉得枯燥。

幽默的对话往往更见成效

如果让一位非常健谈的人说说他所经历的最糟糕的情形是什么，他一定会说，是尴尬和不知道该说什么的场面。的确，对于一个健谈的人来说，冷场的沉默简直让人难以忍受。试想，大家彼此相对，谁也不敢看谁的眼睛，只能绷住嘴巴保持沉默，这沉默里流淌的不是心有灵犀的默契，而是无言以对的尴尬。倘若这时有人能够说一个惹得大家欢乐开怀的笑话，那么这种冰雪的气氛就会马上消融，就像是春天温暖的手拂过冬日冰冻的地面，一切瞬间春暖花开。此时此刻，大家会一致称赞这个人为救世主。这就是幽默的神奇魔力。正因为如此，幽默的人才总是时时处处受到欢迎。

在西方国家，幽默更是被提升到很高的高度。有些人在寻找人生伴侣时，都会首先关注对方懂不懂幽默，是否具备幽默的能力。需要注意的是，这里所说的幽默和我们平日里说的小聪明截然不同，这里所说的幽默是大智慧。只有思维敏捷、学识渊博的人，才能恰到好处地运用幽默的能力，给自己和他人带去欢乐。幽默的人一定是机智聪敏的，因为他必须思维敏捷，才能顺应瞬息万变的谈话形式，说出让大家都觉得风趣的话来。幽默的人有自知之明，从来不会把快乐建立在他人的痛苦上。他们也许会自嘲，却不会随意调侃他人。幽默的人很善良，他们只想把快乐带给大家，而不想给任何人带来困扰。和幽默的人谈话是一种享受，全然没有木讷，有的只是轻松、快乐和开怀。很多时候，人们在谈论一些重要的事情时总是故意让气氛更加严肃，谈话更加凝重。实际上，谈笑风生更容易让人们放松戒备，并让很多事情水到渠成。

作为南非前总统，曼德拉被授予“卡马勋章”。在参加南部非洲发展共同体首脑会议时，他正式上台接受勋章。在致辞时，他金口一开，就让台下在座的各国首脑欢乐开怀。他站在讲台上，对着台下的首脑们说：“我已经退休了，今天却站在这个专为总统们设立的讲台上发言，我想，我抢了总统的镜头，他一定有些生气了吧！”这句自谦之词，让在场的每个人都感受到他的虚怀若谷。

等到笑声渐渐小了，曼德拉才开始正式发言。然而，也许是因为演讲稿的页数太多，他在演讲进行到一半时，居然不小心弄乱了演讲稿的次序。他一边整理演讲稿，一边漫不经心地说：“实在对不起，请求你们原谅我这个老人，我把演讲稿的次序弄乱了。但是，我知道在座有一位总统比我还尴尬，因为我知道自己弄乱了演讲稿，他却曾经按照错误的顺序照念演讲稿，始终浑然不觉。”这句自我解嘲的话，再次让在场的首脑们发出善意的笑声。

作为一位叱咤风云的政治家，面对尴尬，曼德拉表现出让人钦佩的机智、幽默。他还不惜进行自嘲，只为了给人们带来更多的欢乐。这样的风趣，就是我们本节所要讨论的幽默。正是在这样谈笑风生的演讲中，曼德拉不但顺利地完成了致辞，也赢得了在座所有人的尊敬和崇拜。身居高位者幽默，体现的是一种平等的从容；身处逆境者幽默，体现的是一种百折不挠的精神。幽默，能够使我们放松自己的心灵，也只有在纯真的心灵中，我们才能找到最本真的自我。

在现代社会，文化层次越高的人，越是注重幽默的力量。它不但是一种锦上添花的能力，也是一种必不可少的性格。幽默的人就像是拥有强大的吸引力，总是能够把其他人吸引到他的身边，成为他圈子里的一员。幽默不同于滑稽，滑稽是哗众取宠，幽默却更加富有内涵。幽默非常含蓄、低调，却让听到的人忍俊不禁。幽默，代表了睿智和爱。能够在幽默之中轻松愉悦地交谈，是每个人都渴望的事情。

幽默，是调节气氛的灵丹妙药

如果现在有两个交谈对象供你选择，一个是愁眉苦脸的，即使你问他十句话，他也未必回答你一句；一个是满面笑容、妙语如珠的，不管你和他说什么话题，他都能机智幽默地给予你回应，并且让你情不自禁地笑出来，那么你选择和哪一个交谈对象交谈？相信，所有人都会毫不犹豫地选择第二个交谈对象。因为，快乐是会感染的。我们和快乐的人在一起，自己也会变得快乐起来。同样的道理，我们和聪明幽默的人在一起，也会渐渐变得幽默。正因为这个道理，幽默的人总是人缘特别好，不管走到哪里都非常受欢迎，都可以吸引大家的眼球。

经常与人交谈的人会有一种体验，最尴尬的是冷场，或者是大家因为某些不愉快的话题而突然都噤口不言。这时，在场的人都像是在接受一种惩罚——不能说话也不能表达友好的被冰冻的惩罚。这个时候，最该幽默出现救场了。也许有人会说，都已经冷场了，幽默又有什么用处呢？如果说了幽默的惹人发笑的话却没有人笑，岂不是更尴尬？当然，如果的确没有人笑，那是很尴尬，但你必须知道的是，敢于在冷场时发挥幽默能力救场的人，往往都是幽默的高手。他们自信拥有最高超的幽默——能够在大多数人都冷眼旁观时，话一出口就成功地扭转气氛，掐掉滋滋作响的火药引信，让欢乐重新回到大家中间。这与很多人的理解恰恰相反，大多人都觉得在别人怒火中烧时应该保持沉默，甚至是忍耐。但换个角度来想，与其被动地忍耐，为何不主动打破坚冰呢？春暖花开，对每个人都是赏心悦目的美景和享受啊！

甲和乙是两家公司的销售人员，都是推销保险的。有段时间，甲和乙都在维持同一个客户，而且都想争取到这个客户。然而，在客户还没有想好从哪家购买保险时，突然出现了保险公司拒绝赔付的案例，并且在网上闹得沸沸扬扬。为此，客户产生了疑虑，分别询问甲和乙赔付的时速问题。这时，甲说："在我们公司投保，如果发生意外，90%以上的客户都能在当天收到赔付。"听到甲的话，乙显然有些尴尬，但是他又不能明着指出甲说的话不真实，因为每个意外发生之后到理赔之间，还需要走一些核实的程序，根本做不到当天完成。见甲说话如此夸张，乙眼睛咕噜噜一转，也笑着说："先生，我只需要说一句话您就了解我们的赔付速度了。曾经，我的一位客户不小心坠楼，我在他还没有落地时，就已经送达了赔付的支票。"这句话简直是个冷笑话，这样的幽默让客户和甲都忍俊不禁起来，就连甲也不得不佩服乙的机智幽默。最终，客户选择了从乙手里购买保险，因为他觉得他们的相处一定会非常快乐。

对于销售人员来说，幽默简直就是打开客户心门的金钥匙。原本，现代社会人们越来越重视消费的体验，如果在消费之余还能够享受轻松、愉悦、开心，那岂不是更好吗？就像现在的家电销售，各家公司间的竞争非常激烈，产品也都相差无几。很多时候，帮助客户决定购买哪家电器的，其实就是售后服务。作为以人为本的服务业，如果服务人员能够在服务客户的同时把欢声笑语也带给客户，客户当然求之不得。一个人如果妙语如珠，谈笑风生，就会对客户产生很大的吸引力。

幽默，是一种难得可贵的能力，也是一种非常优秀的品格。当一个人具备幽默的品质，就会给身边的人带来很多快乐，也使人们感受到他的真诚和友善。尤其是当幽默运用得炉火纯青时，更是能够调节气氛，让大家由尴尬转为和谐融洽，简直是人际交往场合的制胜法宝。

用比喻来增加对话趣味性

中国文化博大精深，中国汉字更是吸取了中国文化的精华。在多种多样的文学体裁中，各种表现手法层出不穷。其中，运用最为频繁的是各种修辞手法，诸如比喻、拟人、排比等，都为语言增色不少。在这些修辞手法中，尤其以比喻最为常见。因为比喻的本体和喻体基本不受限制，只要拥有一定的共性，就可以相互比喻。在平实的语言中，如果能够妙用比喻，交谈就会马上变得立体生动，引人入胜。

运用比喻时，为了使比喻恰到好处，应该注意以下几点：首先，本体和喻体应该近似。所谓近似，就是指本体和喻体应该是不同的，但是又有类似的特点。其次，比喻应该尽量浅白，如果过于生涩，脱离生活，则人们很难理解，自然也就无法领会其中的精妙之处。再次，比喻不但要顾及外形，还要注意内在的精神。这样才能深入事物的本质，让比喻更进一层。最后，比喻应该恰到好处。如果一个人每句话都使用了比喻的修辞手法，那么一定让听的人感到非常累，而且觉得很乏味。只有恰到好处的比喻，才能起到画龙点睛的作用。在了解了比喻的注意事项后，你们能够灵活使用比喻了吗?

张骞是搞工程的，最近，他要出差去丽江一段时间，因为他们公司在丽江接了一个很大的项目。初步估计，张骞会在丽江逗留三个月左右。对此，妻子小敏非常担心。眼看着张骞启程在即，小敏说："老公，人家都说丽江是个艳遇的城市。别人去几天就有艳遇了，你居然要去三个月。我很担心你会被别的女人抢走。”张骞笑着说：“不会的，我是去工作，又不是去旅游。再说，你也要对自己有信心嘛！”

小敏还是不放心，说：“唉，我还有什么信心啊！你没听人家说嘛，现在原配妻子都是培训学校，到了学满出师时，学生早不知道跑哪儿去了。”看到小敏满心担忧的样子，张骞安慰她说：“你就算对自己没信心，也要对我有信心啊！你看看我长得这个样子，当初也就是你不嫌弃我，跟我在一起。你看，我的脑袋就像是个大冬瓜，头上连几根毛也没有。哪个年轻美貌的女孩，能看上我呢？再看看我的身高，纯粹是营养不良长出来的南瓜，又矮又矬。最重要的是，我还这么黑，就像一块黑煤球，扔到煤球堆里就找不着了。放心吧，也就是你把我当块宝。”听了张骞的话，原本忧心忡忡的小敏不由得破涕为笑。她说：“好吧，你这个矮冬瓜，一定要记得家才是你的土壤啊！”

对于丽江，也许是太多暧昧的宣传导致的，很多人都认定那是一个会发生一见钟情和艳遇的地方。因此，小敏的担心是深重的。看到小敏担忧的样子，张骞巧妙地运用比喻的手法进行自损，从而达到让小敏放心的目的。这样幽默的比喻不但逗得小敏哈哈大笑，也让她紧张的心情放松下来。如此一来，小敏就没有那么焦虑了。

生活中，可以比喻的东西太多太多。我们只需要展开联想，就会发现几乎每件东西都可以拿来比喻。当你找到最合适的喻体时，你的比喻就会非常精彩，引人入胜。当然，还是需要注意，凡事过犹不及。与其滥用比喻，不如多花些心思，让每个比喻都成为最经典的传承。这样一来，你才能做到字字珠玑，金口玉言啊！

用幽默化解对方的无理言行

在人际交往中，我们当然会遇到很多彬彬有礼的人，他们受过良好的教育，知道尊重他人是最起码的礼貌，即使提出质疑也会考虑他人的感受。但是，我们不会总是这么幸运，偶尔我们也会遇到无礼的人。每当这时，很多腼腆的人往往不知如何是好，因为，如果与对方一样无礼，显然降低了自己的身份；如果一声不吭任由对方冒犯，则显得很怯懦；如果强硬地拒绝，而对方却穷追猛打，则一场争吵势在必行。很多时候，我们即便面对无礼的人，也应该给对方留有颜面。这样一来，双方都有台阶可下，才不会僵持不下。总而言之，在这种情况下，要想既回应了对方，又不至于气氛尴尬，最好的办法就是巧用幽默化解。

在担任英国首相前，丘吉尔曾经任国会议员。当时，有个女议员一向与丘吉尔不和，总是针对丘吉尔。一次，她居然公然在议席上叫嚣丘吉尔："如果我是你老婆，我一定会把毒药放进你的咖啡里。"她的话音刚落，全场马上鸦雀无声。对于这样的公然挑衅，既有人等着看丘吉尔的笑话，也有人等着看丘吉尔作何反应，关心丘吉尔的人则担心他难以化解。这时，丘吉尔丝毫没有表现出生气的样子，他的表情就像是对待好友的一个玩笑，他以轻松风趣的口吻说："如果你真的是我老婆，我一定把你下毒的咖啡喝得一滴不剩！"此话一出，在场的人全都笑得前仰后合。

看完这个小故事，我们不得不为丘吉尔的反应力叫绝。丘吉尔如此幽默，源自他的机智、聪敏，以及他强大的人格。他从来不质疑自己的强大力量，因而不管面对怎样尖酸刻薄的质疑和艰难的处境，始终能够从容作出应对。换作一个平常人，面对这样的挑衅，也许免不了一场争吵。唯有丘吉尔，以子之矛，攻子之盾，奇妙地回答了问题。

朋友们，你们在生活中一定也常常遇到这样的尴尬局面。也许你们曾经毫不犹豫地和挑衅者爆发争吵，却发现最终非但无济于事，反而自取其辱，白白让围观的人多了谈资。在遇到类似于以上情形的挑衅时，不妨学学丘吉尔的顺水推舟，这样才能绵里藏针，让对手无言辩驳。作为中国的首席外交官，周恩来总理一直负责外交事务。在几十年前，新中国的国力还很弱，经常被西方列强国家瞧不起。为此，周总理代表祖国与外宾交涉时，经常面对很多棘手的或者无礼的问题。幸好，周总理风趣幽默，总是能够以幽默化解尴尬，反驳对方的无礼，维护祖国的尊严。

1971年，为了恢复中美外交关系，基辛格博士作为美国的代表，秘密展开访华行动。有一次，在正式谈判开始前，基辛格突然对周总理说："尊敬的总理，整个世界都被中国马王堆一号汉墓的发掘震撼了。即使在世界范围内，那具女尸也是稀世珍宝。我来之前曾经接受我国著名科学家的委托，为了换取女尸身边的木炭，我们愿意付出地球上没有的物质作为交换。您觉得呢？"周总理当即问道："国务卿先生，贵国有什么地球上没有的东西呢？"基辛格大言不惭地说："我国宇航员从月秋上带回的泥土，这完全是名副其实吧！"听了这话，周总理笑了起来，说："我还以为是什么稀奇的东西呢！早在老祖宗时代，我们就已经把它踩在脚下了。"基辛格不由得大吃一惊，马上问道："什么，你们已经有人去过月球了？我们从来没有得到过相关的消息啊！你们没有公布。"

周总理笑了，指着墙上一幅嫦娥奔月的绘画，说："当然公布啦，早在五千多年前，我们的祖先嫦娥就飞到了月亮上，还建造了庙宇。如果你不信，我们很快就会派人去看望老祖宗的。唉，这件事情在我国尽人皆知啊，你自称中国通，这下孤陋寡闻了吧。"周总理机智巧妙的拒绝，让基辛格博士哑然失笑。

周总理的幽默，帮助他巧妙拒绝了基辛格的不情之请。同时，周总理还暗示基辛格，未来不久，中国也将实现登月计划，月球上的土也就不是什么稀罕的东西了。这样不卑不亢的回答，让基辛格清楚地意识到周总理的心意，又不好反驳什么。即使在今日读来，我们依然不得不为周总理的机智幽默点赞啊！

朋友们，生活中总有些自以为是的人，也总有些无礼取闹的人。面对他们，与其争吵，不如坦然以对。只有这样机智的幽默，才能让他们既领教了厉害，又无言以对。从现在开始，就让我们学会用幽默化解无礼吧，这样有勇有谋地对抗他人的无礼，一定会让我们显得更加有涵养有素质。

自我调侃，让大家喜欢和你开玩笑

在生活中，有的人性格开朗，积极乐观，有的人性格怯懦，消极悲观。相比起来，悲观的人总是非常自卑，不管遇到什么事情，都会把失败的原因归结在自己身上。日久天长，他们甚至产生了心理障碍，对人生失去信心和希望。举个最简单的例子来说，有个老人骑着自行车走在路上，越骑越费劲，不由得抱怨："哎呀，这个车轮怎么又亏气了。"说完，他就推着车子去附近的修车摊点充气，然后继续骑行，再也没有觉得吃力。实际上，他的自行车此前也没有亏气，只不过是他把原因归在外界。这样一来，打气之后原因就消失了，他也就能够一鼓作气地骑行。还有一个老人，也骑着自行车，也感到越骑越累。他一边骑一边想："唉，老了，不中用了，车子都骑不动了。"结果，他最终不得不下车，推着车子往前走，因为他觉得自己体力不支。相比较而言，第二个老人就是习惯于自我贬损的。这类人把一切失败的原因都归结在自己身上，以致越来越没有信心。从心理学的角度来说，这样的归因倾向，导致他产生了自我损害的偏向。当然，在生活中，我们是不应该自我贬损的，尤其是不应该习惯于自我贬损。不过，倘若把这种倾向放在与人交往的背景中看，尤其是放在某一次交谈中来看，在恰当的时机不过分地进行自我贬损，反而能够让大家都觉得非常欢乐。

曾经有位父亲带着年幼的女儿参加同学聚会。席间，这位父亲说了自己的一件糗事，把在场的同学们逗得哈哈大笑。女儿突然哭着要回家，无论父亲怎么劝说都不愿意继续留下来。直到回到家中，父亲问女儿为什么突然想回家，女儿才哭着说："我不想让他们都笑话你！"这个场景，我们很容易就能想象到，父亲运用自我贬损的交谈技巧，逗得在场的同学们哈哈大笑。年纪尚小的女儿显然不能理解这件事情，以为那些人都在恶意地笑话爸爸，因而哭喊着要回家，实则是想保护爸爸。从这个小故事可以看出女儿的爱心，也可以看出父亲自我贬损的技巧运用得非常之成功。如果不是因为女儿的小插曲，他一定会博得在场每个人的喜爱。是的，谁有理由拒绝一个给自己带来快乐的人呢?

在自我贬损的同时，我们还可以变相地抬高他人，这样也就在无形之中恭维了他人。这种幽默的气氛，会让对方对你毫无戒心，当然，要想让这种技巧的效果更好，你在自我贬损时还可以故意装傻卖萌。要知道，并非人人都喜欢聪明人，即使聪明人，也更愿意和傻子打交道。很多时候，如果一个人故作聪明，卖弄炫耀，反而会导致事与愿违。千万不要觉得自我贬损是自我降低人格，要知道，往往只有聪明睿智、成熟老道的人，才能深谙自我贬损之道。甚至有时候，自我贬损不但能帮助你给大家带来快乐，还能在危急之中救你的性命呢!

伏尔泰是法国著名的哲学家，也是一个非常高明的幽默能手。1927年，英法正在交战，当时，伏尔泰正在英国旅行。被愤怒冲昏头脑的英国人，在爱国热情的鼓舞下，居然不分黑白，抓住了伏尔泰，准备将其处死。

得知伏尔泰即将被处以绞刑，他身在英国的朋友们闻讯赶来，想尽一切办法为他解围。“处死他，处死他，他是法国人！”在场的英国人群情激昂。伏尔泰的朋友们焦急万分，不由分说地喊道：“他没有参与战争，他只是一名学者。你们不能处死他，千万不要处死他！”“只要是法国人，都该处死！”英国人依然不依不饶。朋友们简直急坏了。

这时，伏尔泰举手示意，坦然地说：“我马上就要死了，可以把心里话说出来吗？”虽然英国人坚持要处死他，但是也不能阻止一个将死之人说几句心里话。因此，现场安静下来。伏尔泰毫不惊慌，而是真诚地给在场的观众了鞠了一躬。他放缓声调，说：“各位友好的英国朋友们，我很理解你们要处死我的心。你们想惩罚我这个法国人，但是你们这么聪明，难道没有意识到，命运让我生在法国，宛如过街老鼠一样人人喊打，这本身就是对我最大的惩罚吗？我多么希望自己是高贵的英国人，那么我一定会与你们成为最真挚的朋友。”伏尔泰话音刚落，在场的英国人全都转怒为喜，忍俊不禁。伏尔泰真的太幽默了，英国人当场释放了他。

谁能想到，机智的幽默让伏尔泰死里逃生呢？这的确是事实。伏尔泰恰到好处地使用自我贬损的方法，表现了自己大智若愚的幽默和智慧。他用降低自己和法国的方式，表达了不能生为英国人的遗憾，也衬托出英国人的高贵。如此一来，现场愤怒的英国人们怒气全消，氛围也由紧张转为和谐。其实，不仅伏尔泰会使用自我贬损的方法幽默，著名的喜剧大师卓别林同样很善于自我贬损。他几乎每次出场表演都会故意滑稽地摔跤，让观众们情不自禁地笑得前仰后合。

如果用自我贬损的方法能够衬托他人的高贵，那么这样的自我贬损是值得的。尤其是在谈判或者说服他人的过程中，恰到好处的自我贬损更是能够让对方消除警惕心理，做到宽容大度。未必英雄都是真豪杰，如果你能把自我贬损运用得非常熟练，起到调节气氛、达成目的的作用，你也就成为了真英雄!

转移话题，扭转尴尬局面

在交谈中，我们希望自己能够主导谈话，成为他人的引导者。然而，很多时候交谈的情况瞬息万变，就像是五月的天一样，时而风雨时而晴朗。那么，当原本和谐融洽的交谈突然之间情势改变时，我们应该如何改变局面呢？这个时候，尴尬、冷场、沉默，一切表现都显得那么别扭。身处其中的人，甚至不知如何是好。实际上，这正是考验我们交流技巧的时候。如果能够灵机一动，调转话锋，那么尴尬的局面也会随之改变，每个人都会感到轻松。

有个男孩，大概七八岁的年纪，久久地站在杂货店的柜台前，一动不动。他的眼神中流露出贪婪，他时不时地舔着嘴唇，原来，他正在盯着一盒打开的巧克力糖果。他有着灵敏的嗅觉，似乎已经隔着厚厚的玻璃闻到了巧克力糖果香甜浓郁的味道。

杂货店里的店员笑着调侃他：“嘿，小帅哥，你站在这里准备干什么呢？”

“没，没什么，我就是看看。”

店员继续笑着说：“我看，你大概是想吃玻璃柜里的糖果吧！你是不是想趁我不注意，偷偷地拿一块呢？”

男孩抬起眼睛，看着店员，幽默地说：“不，你猜错了。我是想尽量不去拿那些糖果。”他的眼睛一闪一闪的，泛出智慧的光泽。店员不禁被他逗得哈哈大笑，说：“好吧，你这个小家伙非常聪明机智。这样吧，我奖励你一块巧克力糖果，希望你继续这么聪明机智。”男孩高兴地接过糖果，谢过店员之后，蹦蹦跳跳地离开了。

事例中的小男孩非常机智，在他的小心思被店员识破且遭到调侃时，他非但没有恼羞成怒地为自己辩解，反而话锋一转，承认了自己正在进行激烈的思想斗争。这样的坦白，让店员也不禁为他的真诚感动，还奖励了他一块巧克力糖。在成人的交际中，我们不妨也借鉴一下这位男孩的明智做法，当心思被识破时，非但不辩解，反而坦诚地承认，也许这样的做法能够更让人赞许。尤其是人在职场中，同事之间的磨合、竞争对手之间的博弈、与合作方的谈判，几乎每时每刻都需要用到高超的交流技巧。唯有正确对待，兵来将挡、水来土掩，才能更加坦荡从容，临危不乱。

大学毕业后，小雅进入一家电器销售公司，负责销售工作。小雅的家在农村，从小就有吃苦耐劳的精神，为了在大城市生存下来，她下定决心一定要好好努力。然而，小雅的主管不知道为何，总是和小雅过不去，似乎怎么都看小雅不顺眼。在一次又一次被领导穿小鞋之后，小雅愤怒之余向老板递交了辞职报告。尽管老板一直对小雅很欣赏，也不明白小雅为什么与主管搞不好关系，但看到小雅去意已决，只得说："把你的工作交接给我，你就可以离开了。"

小雅平静地对老板说："不用了，我站在这里就可以和您把工作交接完。我来公司三个月，一共积累了十二个大客户，他们都储存在我的脑子里。"说完，小雅如数家珍，把自己的客户一一向老板进行了介绍。她的介绍非常详尽，每个客户的资料中，不但有基本的信息，还包括谁当过兵，谁离过婚，谁的家里有几个孩子，谁家有老人常年需要照顾等，小雅都一清二楚。后来，小雅还把即将展开推广工作的区域也告诉了老总，并且打开自己的工作文件夹，把详细的推广计划也呈现给老板。老板惊讶极了，他最终的决定是辞退主管，让小雅留下升任主管。老板说："如果一个主管连这样的销售人才都不珍惜，搞不好上下级关系，那么他已经不能成为一名合格的管理者了。”

在这个事例中，小雅从始至终都没有为自己辩解，只是陈述了想要离职的原因。不过，在老板同意她辞职之后，她话锋一转，开始交接工作。这样的交接，看起来是离职前的交接，实际上是小雅给老板交上的一份工作上的答卷。显而易见，小雅细致入微的工作震撼了老板，最终小雅非但没有失去工作，反而获得了晋升。正如一首古诗里说的，山重水复疑无路，柳暗花明又一村。这样的回环曲折，恰恰给了小雅一个最好的展现自我的机会。当然，老板也非常明智，因而最终作出了正确的决定。

人的思维往往是有惯性的，就像是心理学中的心理定势。交谈中也是如此，人们总是想当然地以为谈话会顺着前面的轨迹继续下去。这种情况下，如果能够话锋一转，让人应接不暇，也许会起到意想不到的效果。从现在开始，我们每个人都应该学会机智地处理问题，而不要一味地纠缠不清，否则容易导致事与愿违。

第6章

面试交谈脱颖而出——第一时间获得考官青睐

面试是每个求职者的必经之路。既然要面试，就免不了要说话。当你迈进面试的那间房间的时候，你的心跳会不会加速到120次／秒？无论那个面试官看起来有多么和蔼可亲，他说的每一句话，都依然让你紧张得手心出汗不止。他的每一个问题都让你觉得自己想得脑袋都疼了，可还是不得要领……如何是好？此时，如果我们懂得一些面试说话的操纵术，就能镇定下来，把每句话说到考官的心里去，也就能反过来操纵考官的心理。我们深知，考官对我们的第一印象十分重要。懂得这些说话操纵术，就可以让考官对你留下一个诚恳、有能力并且有自我完善能力的好印象！

巧谈薪金待遇问题

在求职面试时，薪金问题是一个敏感但又不可回避的问题。一般情况下，求职者和考官谈薪金时，常常是战战兢兢，生怕有一点差池，既怕委屈了自己，又怕失去了机会。估计也有一些职场新人知道，尽量不要在面试的时候与考官谈论薪水问题。因为从心理角度看，如果谈不出结果，这只会给考官一个PASS你的理由。而事实上，很多主考官在面试的时候会反过来问你一些薪资问题，诸如，你希望得到什么样的薪金待遇？你觉得自己每年加薪的幅度是多少？你愿意降低自己的薪水标准吗……这个时候，如果你还一再推脱，恐怕只会让考官觉得你软弱了。

那么，面对这种情况，我们该如何巧妙地回答，才更容易让考官接受呢？

在回答薪金问题的时候，不能逞匹夫之勇乱答一气，要有准备，要有策略。

1.了解市场行情，确定要谈的薪资范围

如果你想要和主考官达成一个合理的薪资共识，你要事先考虑：你的专业是什么？人才市场对你这类人才的需求有多大？其他同行的薪资水平？然后你需要结合公司的情况，取他们中间的一个平均值来考虑你的期望薪资，同时还应该多留意新闻中和本行业有关的报道，这样提出来的薪资标准才会让考官觉得合理，接受起来也容易得多。

2.谈薪水的时候不要拘泥于薪资本身

在面试中谈薪水，不能“就薪水谈薪水”，要把握适度合理的原则。告诉自己的面试官：“薪水不是最重要的，我更在乎的是职位本身，我喜欢这份工作。”这句话会让考官觉得你是一个在乎职位高于薪资本身的求职者，也就能将薪金问题提升到另一个高度，将有助于你找到一份满意的工作。

公共关系专业的张小姐毕业后来到一家大型的公关公司面试。这是一家在公关业很出名也很有实力的公司。

在面试中，张小姐表现得非常出色，让面试官很满意。于是，很快，问题就转到了薪资上。而张小姐开出了一个较高的薪水，和该公司提供给新员工的薪水差距较大。面试官明确表示：这样的薪水，本公司不能接受。眼看着面试陷入僵局，自己喜欢的工作就要失去，张小姐又不想自贬身价，于是她一方面先是告诉面试官，薪水不是最重要的，重要的是自己希望能在公司学习、工作；另一方面，她又拿出自己以往的工作经历，并结合公关业的前景进行分析。这个“缓兵之计”很好地缓和了“谈判局势”，使即将结束的面试得到了转机，也使张小姐最后求职成功。

张小姐的这番话说到主考官的心里去了：她表示薪金并不是最重要的，能在该公司学习和工作才是她最重视的。这样一来，即使后面考官对她提出的薪金不能接受，她也可以再降低薪金标准，避免失去这个工作机会。果然，在薪资要求遭拒后，张小姐依然挽回了局势，打动了主考官，获得了求职的成功。

3.含蓄表达

含蓄表达是个不错的选择。在告诉考官自己希望的薪金待遇时，你要尽可能给出一个你希望的薪水范围，避免说出具体的数字，除非对方有这样的要求。这样既可以表达自己大致的薪金要求，也不至于因要求太离谱而招致考官的不满。

小赵应聘上海一家公司的企划岗位。面试的最后，考官问："你期望的月薪最低标准是多少？"小赵回答："我希望贵公司能根据我的专业能力、工作经验、工作态度以及工作业绩来决定应付给我的薪水。我相信贵公司一定有一个完善的薪金制度。""那从现在开始的两年时间内，你的薪金目标是每月多少钱？"小赵笑了笑说："我的学历和考试成绩您都看过了，我对自己还是比较自信的，结合上海地区的工资水平，我希望我的月薪可以在4000到5000。"招聘人员笑了笑表示，尽管略有些高，但还可以商量，于是决定录用他。

小赵在回答考官月薪标准这一问题的时候，用4000到5000这样一个较大的区间来回答。小赵这个回答既表明了自己的立场，又让考官觉得可以接受，还为自己留出了讨价还价的空间，实在是明智之举。如果他直接提出是4000，恐怕会委屈自己，如果直接提出5000，又会让考官产生他的标准过高的心理。所以，首先了解该公司所在地区的大致薪金标准，然后尽可能提供一个你期望的薪金范围，而不是具体的薪金数，这更容易让考官接受。

同时，我们在与主考官谈论薪资的时候，还要注意以下一些禁忌问题。

（1）当面试考官在询问你上一份工作的薪资时，最忌讳的就是虚报，也就是说不要虚报你目前的收入和能力。因为，用欺瞒的手段来获取高薪，一旦被发觉，将对你的信誉有很不好的影响。

（2）不要先开口

面试时不要急于把自己的薪金要求报出来，倘若你在还未摸清薪水的可能变动幅度之前就唐突地把自己推销出去，那简直是在冒险，因为薪水问题通常都是可以进一步协商的。

总之，在面试谈“薪”的时候，可千万不能逞一时的匹夫之勇乱答一气。你要有准备、讲策略，把每一句话都说到主考官的心里去。因为，你的回答将成为面试官考虑是否接受你的重要依据。

脱颖而出的自我介绍

在求职面试时，大多数面试考官会要求应聘者作一个自我介绍，一方面以此了解应聘者的大概情况，另一方面考察应聘者的口才、应变和心理承受、逻辑思维等能力。千万不要小视这个自我介绍，它既是打动面试考官的敲门砖，也是推销自己的极好机会，因此一定要好好把握。因为，自我介绍能否把话说到主考官的心里去，能否给考官留下深刻的印象，直接影响甚至决定着你能否得到这份工作。

小宋是一名即将毕业的编辑出版专业的学生，这天，她来到一家大型的杂志社应聘编辑一职。

小宋进入面试的房间后，发现还有两名女生也来应聘编辑岗位。该杂志编辑部主任拿着三个学生的简历翻看了一下，让她们挨个儿介绍一下学习和实习经历。小宋的自我介绍被排在最后。“老师，我介绍一下自己……”小宋递上实习作品，称自己曾在报社实习。面试老师翻看作品时，小宋勇敢地毛遂自荐：“老师，我可不可以谈一下自己对编辑工作的理解？”面试老师抬头看了一眼小宋后，表示默许。小宋讲述了自己对编辑工作的理解。“你觉得作为一名编辑最重要的是什么？”面试老师就小宋的回答即兴提问。“编辑不光是选稿子、改稿子，我觉得更重要的是对文字的一种敏感……”小宋说。面试老师听完后，连连点头。

而与小宋的自我介绍不同的是，另外两名女孩的介绍太过平淡，因此杂志社决定录用小宋。

小宋的自我介绍是与众不同的，她除了作了最简单的自我介绍外，还表明了自己对编辑工作的理解，从而在三个求职者中脱颖而出，让面试官记忆深刻。那么如何自我介绍才恰当，才合乎面试官的口味，又能体现自身的优势和长处呢？这个还是有规律可循的。

1.开场白

自我介绍时首先应礼貌地做一个极简短的开场白，并向所有的面试人员（如果有多个面试考官）示意。如果面试考官正在注意别的东西，可以稍微等一下，等他注意力转过来后再开始。因为只有在考官已经把精力和目光转移到你身上的时候，你的开场白才会引起他的注意，才会对考官的心理产生影响。

而事实上，不理想的开场白有很多，且各有各的不理想，总结一下，大概有下面两种。

第一种，能说几句，但效果不理想。他们能简单说几句，比如，“我叫××，广东乐昌人，今年27岁，曾经做过××工作。”再比如，“我叫××，1978年出生，性别男，家住广东乐昌×××村。”

这类求职者，虽然说得很吃力，甚至连“性别男”都说出来了，但他们能一句凑一句地说下去。这会让考官觉得，他们心里很紧张。

第二种，根本不会说话。这种情况最多。他们说了自己姓名、年龄等后，就说不下去了，“我……我……”了几下后，干脆指着面试官手上的简历说：“那上面都写着，你自己看吧。”

不用说，这两种人都是会被淘汰的。因为他们都会让考官产生一种心理：连一个简单的开场白都说不好，又怎么能证明自己的实力，怎能为公司带来利益呢？

2.自我认识

任何主考官都是公司的成员，他当然希望能为公司招到有用的人才，为公司带来利益，这是每个考官的心理。因此，你要想一矢中的，首先必须知道你能带给公司什么好处。当然，你不能空口讲白话，必须有事实加以证明。

最理想的就是能够“展示”过去的成就。例如，你曾为以往的公司设计网页，并得过奖项或赞扬。当然，这些例子都必须与现在公司的业务性质有关。职位越高，自我认识就越重要，应将个人的成败得失告知于考官，越是具体，越是能让考官觉得你态度良好。

3.投其所好

清楚自己的强项后，便可以开始阐述自我介绍的内容：包括工作模式、优点、技能，突出成就、专业知识、学术背景等。这会让考官觉得你是个专业的人才，有一定的实力。

开场白只有短短一分钟，所以一切还是与该公司有关为好。如果应聘的是一家电脑软件公司，应说些电脑软件的话题：如应聘的是一家金融财务公司，便可跟主考官说钱的事，总之要投其所好。

但有一点必须谨记：话题所到之处必须突出自己能够为该公司作出的贡献，如增加营业额、减低成本、发掘新市场等。

4.用工作经验代替凭空的优点介绍

有一些求职者喜欢对考官说自己有什么什么样的优点，而事实上，直接说这些会显得苍白无力，不如把这些优点融合到你的工作经历当中去。比如，你以前做过会计，那么你可以对考官说，“我从过去两年的会计生涯中得到了很多锻炼，您知道做会计的需要很强的准确度和对工作一丝不苟的认真态度，我工作的那两年，从来没出过什么差错，老板非常满意。”

我们在讲工作经验的时候，有必要用一些专业词汇来提升你对话的技术含量，一般专业的面试官会比较欣赏高质量的对决。

总之，我们在求职的时候，不要从一开始就把自己放在一个被挑选的位置上，和考官之间的战争，是一场公平的比武，只要你懂得把自我介绍说到考官心里去，就能让其对你印象深刻，从而为你面试成功增添砝码！

如何几句话就摆脱考官的难题与言语陷阱

有人说，面试就如同相亲——应聘者希望找到一份满意的工作，用人单位则希望能找到优秀的合作伙伴。而对于考官来说，都希望面试者能在短短一席话中表现出自己的优点、说出聪明话或立即呈现出很棒的反应。面试，双方玩的其实是一场心理游戏。

而通常情况下，考官为了不至于为用人单位挑选到错误的员工，也许会在面试中设置种种语言陷阱和难题，以探测面试者的智慧、性格、应变能力和心理承受能力。而面试者只有识破这样的语言陷阱，并学会用语言巧妙地摆脱这些陷阱，才能反过来操纵考官的心理，小心巧妙地绕开陷阱，不至于一头栽进去。

针对不同的难题与语言陷阱，面试者可以用不同的方式回答。

1.针对用“激将法”遮蔽的语言陷阱

这是面试官用来淘汰大部分应聘者的惯用手法。采用这种手法的面试官，往往在提问之前就会用怀疑、尖锐、咄咄逼人的眼神逼视对方，先令对方心理防线步步溃退，然后冷不防地用一个明显不友好的发问激怒对方。此时，应聘者若结结巴巴，无言以对，抑或怒形于色，据理力争，脸红脖子粗，那就掉进了对方所设的圈套。应聘者碰到此种情况时，要保持头脑冷静，然后用几句有力度又能让对方心服口服的话来回应。

面对这种咄咄逼人的发问，作为应聘者，你首先要做到的就是无论如何也不要被“激怒”，如果你被“激怒”了，那么你就已经输掉了。那么，面对这样的发问，如何接招儿才能反过来操纵面试官的心理呢？

如果对方说：“你性格过于内向，这恐怕与我们的职业不合适。”

你可以微笑着回答：“据说内向的人往往具有专心致志、锲而不舍的品质，另外我善于倾听，因为我感到应把发言机会多多地留给别人。”

如果对方说：“你经历太单纯，而我们需要的是社会经验丰富的人。”

你可以微笑着回答：“我确信，如我有缘加盟贵公司，我将会很快成为社会经验丰富的人，我希望自己有这样一段经历。”

如果对方说：“我们需要名牌院校的毕业生，你并非毕业于名牌院校。”

你可以幽默地说：“听说比尔盖茨也未毕业于哈佛大学。”

如果对方说：“你的专业怎么与所申请的职位不对口？”

你可以巧妙地回答：“据说，21世纪最抢手的就是复合型人才，而外行的灵感也许会超过内行，因为他们没有思维定式，没有条条框框。”

2.面对挑战式的语言陷阱

这类提问的特点是，从求职者最薄弱的地方入手。

对于应届毕业生，面试官一般会问：“你的相关工作经验比较欠缺，你怎么看？”对于女大学生，面试官也许会问：“女性常常会对自己的能力缺乏自信，你怎么看？”

如果回答 “不见得吧” “我看未必”或“完全不是这么回事”，那么也许你已经掉进陷阱了，因为对方希望听到的是你对这个问题的看法，而不是简单、生硬的反驳。

对于这样的问题，你可以用“这样的说法未必全对” “这样的看法值得探讨”“这样的说法有一定的道理，但我恐怕不能完全接受”为开场白，然后婉转地表达自己的不同意见。

面试官有时还会哪壶不开偏提哪壶，提出让求职者尴尬的问题。如：“你的学习成绩并不很优秀，这是怎么回事？”

碰到这样的问题，有的求职者常会不由自主地摆出防御姿态，甚至狠狠地反击对方。这样做，只会让考官认为你过分自信，并招致“狂妄自大”的评价。而最好的回答方式应该是，既不掩饰回避，也不要太直截了当，用明谈缺点实论优点的方式巧妙地绕过去。

在面试中屡战屡胜的迈克就有过一次这样的面试经历。迈克的学习成绩并不算顶尖，面试咨询公司时，这便成了考官发起攻击的要害：“你的成绩好像不太出众哦，你怎么证明自己的学习能力呢？”

迈克不慌不忙：“除了学习，我还有其他活动。并非只有成绩才能反映人的学习能力。其实我的专业课都相当不错，如果你有疑问，可以当场测试我的专业知识。”迈克巧妙地绕开了令人尴尬的问题，将考官的注意力引导到他最拿手的专业知识上。

3.针对诱导式的语言陷阱

这类问题的特点是，面试官往往设定一个特定的背景条件，诱导求职者作出错误的回答，因此，也许任何一种回答都不能让对方满意。这时候，你的回答就需要用模糊语言来表示，这才不会掉进面试官设置的陷阱，而同时，也会让面试官对你的反应能力大加赞赏。

另外，求职者要从态度上配合考官的“追问”。这是避免失去不应该失去的分数的关键。对此，我们要避免出现以下三种态度：

一种是一脸漠然。有的考生直接回答：“没有什么可补充的。”这会让考官觉得你很冷漠，对所应聘的职位不热心。

另一种是答非所问、心不在焉。偏离主题的回答，会让考官感到很失望。

还有一种是口若悬河，极力表现自己。这样回答的结果非但不会得到考官的认同，反而会引起考官的反感。

求职者说话的态度也影响着考官的心理，令考官产生“印象分”，这个分是没有标准去衡量的，只有考官自己清楚。

总之，作为求职者，不管遇到考官怎样的刁难，我们都要摆正好心态，然后通过三言两语反过来操纵考官的心理，从而把握面试的主动权，获得面试的成功！

如何迅速和考官拉近距离

作为求职者，我们深知，面试官掌握着我们的生杀大权。因此，很多求职者总怕在面试中说错话、说漏话，前怕狼后怕虎，小心翼翼，自己给自己设置障碍，造成语序上的混乱。而这，会让考官看出你的紧张与不安。而聪明的求职者，则可以抓住考官的心理，只须三言两语，就能消除彼此间的陌生感，让考官觉得和他迅速拉近了距离。

那么，我们该如何表达呢？

1.善于打破沉默

面试开始时，如果应试者出于种种顾虑，不愿主动说话，不善打破沉默，而等待面试官打开话匣子，结果只会使面试出现冷场。也有些求职者，即便能勉强打破沉默，语音语调亦极其生硬，使场面更显尴尬。实际上，无论是面试前或面试中，面试者都应主动致意与交谈，留给面试官热情和善于与人交谈的良好印象。

2.根据面试官的个人喜好说话

面试官的个人喜好也会影响面试效果。虽然我们要求面试官不能带有个人感情色彩来评判求职者，但人是有感情的动物，而大部分面试官也不是专业的间谍机构出身、经过专业的情绪训练，因此带上个人的好恶观察求职者是很常见的现象，只是根据从业资深与否，表现出的强烈程度不一而已。

为此，我们在表达的时候，要尽量迎合考官的喜好，把话说到考官心里去，如此才能让他对你产生好印象。

3.灵活表达，切勿采用“背诵”口吻

人力资源专家指出，自我介绍可以事前准备，也可以事前找些朋友做练习，但自我介绍应避免书面语言的严整与拘束，而应使用灵活的口头语进行组织。切忌以背诵朗读的口吻介绍自己。否则，对面试官来说，将是无法忍受的。另外，表达的时候，还要注意声线，尽量让声调听来流畅自然，充满自信。

小芳去应聘南方某媒体的编辑一职，面试在一个大的办公室内进行，五人一小组，围绕话题自由讨论。面试官要求每位应聘者先作面试自我介绍，小芳是第二位，与前位应聘者一句一顿的介绍不同，她早作了准备，将大学四年里所干的事写了一段话，还作了一些修饰，注重韵脚，听起来有些押韵。小芳的介绍极流利，但美中不足的是给人一种背诵的感觉。

小芳的美中不足就是给人一种背诵的感觉，这会让考官觉得她的表达平淡无奇，也就难以对其产生一种拉近距离的心理。恐怕小芳的求职也很难成功。

4.从轻松一点的话题入手

很多人都认为面试都是考官来主宰的。其实这样也对，但就算是作为应聘者，我们也可以表现得主动一点，主动和考官谈一些比较轻松愉快的话题。这样做有两点好处：一是可以拉近你与考官的距离，容易让考官对你产生好感；二是可以在话题中慢慢地放松自己的情绪。

事实上，面试官更愿意与人交流一些轻松的话题，这是每个人共有的心理。面试时表达要放松，但也不可以太随意，要做到不卑不亢。“卑”会给面试官造成不自信的印象，缺乏将才风度，如果以后面对客户也这样，会影响到企业形象；“亢”给人的感觉是太浮躁，有一种喧宾夺主的味道。这两种人面试官都不欢迎。

5.不可过分与考官“套近乎”

面试的时候跟考官拉近距离、套交情是正常的，尤其是一些善于交际的求职者，很会活跃面试的紧张气氛。但凡事过犹不及，这中间，度的把握很重要。具备一定专业素养的面试官是忌讳与应试者套近乎的，因为面试中双方关系过于随便或过于紧张都会影响面试官的评判。过分“套近乎”亦会在客观上妨碍应试者在短短的面试时间内作好专业经验与技能的陈述。

“我只是无意说了句和这位求职者是一个学校毕业的，不料他居然现场就跟我攀起校友情来……”这是一名面试官在和同事聊天时说的话。在翻看简历时，他发现有一名求职者和自己是大学校友，他在惊讶之余随口就提了一下，哪知道却惹得对方不断和自己“套交情”。

他对同事说，在日前的一次面试中，因为见应聘者有点紧张，又留意到对方和自己是同一所大学毕业的，他就随意地提了一下，想缓和一下气氛。“结果，他倒是不紧张了，居然放松地跟我聊起了学校的种种，我几次转话题都失败，技术部主管想提问都插不上话。”他无奈地表示，本来该名应聘者的“硬件”是所有参加面试人员中最好的一个，但对方在面试中过度“套近乎”，反而丢失了机会。

从这名面试官的话中，我们发现，任何一个面试官都不希望面试者和自己过分“套近乎”。过分“套近乎”，非但不会拉近距离，反而会起到相反的作用，让考官心生厌恶。因为对于招聘人员来说，很忌讳和求职者有“亲密”关系。替公司招到最合适的人才是面试官的首要职责。而聪明的应试者可以例举一至两件有根有据的事情来赞扬招聘单位，从而表现出你对这家公司的兴趣。这样，考官会认为你是个不失分寸的求职者，同时，也会和你拉近距离。

总之，在面试的时候，作为求职者，我们要注意自己的表达方式，要尽量把每句话说到考官的心里，让其觉得和你快速拉近了距离，这对整个面试的进程都有好处！

扬长避短，凸显优势

人无完人，每个人都有优势，也有劣势。而在面试的时候，求职者只有学会扬长避短地说话，才能让考官在接受你缺点的同时，更欣赏你的优势。

一些求职者认为，只有诚实，才会让考官从心里承认你。而事实上，当考官问类似于“你觉得你自己有哪些缺点”一类的问题时，如果你说自己的缺点是粗心大意、丢三落四，虽然面试官会觉得你很坦诚，但同时会认为你做事不细心、不认真，可能就不会给你机会了。

也有一些求职者认为，只要告诉考官你所有的优势，丝毫不提及缺点，考官自然就不会对你产生负面印象。这种说话方式也是不正确的，因为任何考官对极力吹捧自己优点的人都会产生不信任的心理。

事实上，只有巧妙地告知考官你的优劣势并学会扬长避短地说话，淡化你的劣势、强化你的优点，才会让考官觉得，虽然你有某些缺点，但你的优点完全可以淡化你的缺点。当考官对你的优势产生欣赏之情后，自然会对你留下良好的印象。可见，学会扬长避短地说话，是操纵考官心理的重要策略。

对此，我们可以从两个大方面做出努力。

第一，避短。

一般来讲，对应聘有利的优点有：注重学习、办事认真、容易相处、敢拼敢闯、不轻易认输、以厂为家等。了解了考官的偏好，回答就容易多了，关键看你如何将下述这些缺点逐一分解为优点。

1.我脾气太急，具体表现在：

①我打心眼里不喜欢做事磨磨蹭蹭的人，总想尽快完成工作；

②工作要是干不好，我就会跟自己过不去，自寻烦恼；

③遇到干活投机取巧的人，我常常会不给人家面子。

这样说，表面上是自责性子急的毛病，其实是在说自己雷厉风行、工作有责任心。而几乎所有的企业与单位都希望招到这样的员工，考官自然也不例外。

2.我很固执，有时过于主观，具体表现在：

①我的观点总跟别人不太一样，而且不喜欢被人牵着鼻子走；

②一般来说，我要是有了自己的观点后，别人想说服我可不容易，除非能拿出令人信服的证据和事实。

要知道，在这里，“固执”是“有主见”的代名词，“主观武断”亦是“果敢有魄力”的变相表达。有这些小“缺点”的求职者，依然会让考官产生一种欣赏的心理。

3.我比较粗线条，有点不拘小节，具体表现在：

①我做事大方向一般不错，但细节上有点丢三拉四，处理不好琐碎的事；

人都是优缺点的，考官也明白这个道理，而大方向不错，基本上可以算优秀，如果再以“小节”来要求，未免有些太苛刻。这实际上是在暗示考官：我是一个做“头”的料！

②我以前在生活中有点粗心，经常丢三落四，但是后来到工作中就慢慢变得细心了，我也觉得挺奇怪的。

这样既回答了面试官提问，又间接说明了自己现在已经改正了这些缺点，粗心大意已成为过去式了。

第二，扬长。

1.合适的时机表露出来

比如，面试官问你：“你觉得你能胜任这个程序员的工作吗？”你如果回答：“我觉得应该可以，因为我之前就一直在做这个工作，很了解应该怎么去做。”这样的回答在情理之中，但没有什么亮点。你要是这么回答：“我觉得没有问题，因为我真的很喜欢这个工作，并且到现在也一直还在学习，与时俱进嘛，很多软件、程序都在不停地更新，只有不断学习才能做到最好。”这时，面试官一般都会点头赞许。因为面试官都希望能给企业招到那些喜欢学习、不断给自己充电的员工。

2.控制节奏

在与面试官沟通的过程中，控制节奏也很重要。你们的节奏可能时快时慢，要是不注意，你可能就刹不住车或者来个急刹车。比如，面试官说话的语速较快，他可能还要面试很多人，那么你就不能慢吞吞地回答他的问题。

面试的时候还有一个问题也是要注意的，就是不要面试官问一句你答一句，有些回答应该是有预见性的。面试提出一个问题后，你要察觉出面试官想知道的其他信息。比如，面试官问：“你叫陈红，家是山东的？”你可以回答说：“是，我叫陈红，我是山东人，不过我是在上海上的大学，学的是财务专业。”这些内容是面试官想知道的，你回答了，也省得他再问了。而且，你这么说，会让面试官觉得，你是个思维敏捷、反应快的人。

而有时候，假若你是当天面试的最后一个人，面试官想和你多说几句，故而把节奏放慢，那么你就要识趣，不要以为面试已经结束而表现出无所谓的样子。比如，他问你：“你平时都喜欢看什么节目，有什么爱好没？”你回答：“喜欢看体育节目。”然后就等待对方继续发问。这种做法明显欠妥，因为此时考官是希望你多说几句，希望你能跟他引起共鸣。如果你回答得那么干脆简短，他会觉得你过于程式化，没有自己的见解。

而如果你回答：“我比较喜欢看NBA，因为姚明的缘故吧，一直很喜欢火箭队……”这样的回答也许会让面试官觉得你的兴趣爱好与他相同，很可能令他对你另眼相看，给你更多机会。

总之，在面试的时候，我们说话要懂得扬长避短，尽量弱化缺点、强化优点，这样，会让考官从心里欣赏你的优点！

回答问题不卑不亢，进退有度

提到面试，可能很多人会觉得，把自己的才学通过话语完全地表述出来，才能够体现自己的能力，从而赢得面试官的青睐。事实并非如此，真正能赢得面试官好感的是那些说话收敛，用低姿态和虚心俘获面试官内心的人。我们先来看看张先生的求职经历：

张先生是从英国留学回来的一个求职者。他去过国内很多家基金公司面试，都遭遇到这样一个问题，就是面试官经常在他侃侃而谈的时候打断他的话语，说道：“你的情况我大致了解了，你先回去等我们的通知吧！”

张先生在英国留学多年，英文很棒。可能是语言习惯的问题，与人交谈的时候，会时不时地蹦出几句英文。可偏巧的是，那几个面试官似乎都对张先生这种说话方式很反感，张先生经常话还没说完就被面试官打断了。再者，张先生有个口头禅：“你明白我的意思吗？”这样的说话方式更是让有些面试官不爽，觉得张先生看不起自己，认为自己不知道他所讲的东西。

这就是张先生求职失败的原因。交谈中夹杂英文并没有错，可是，假如考官听不懂，就会认为他是在自我卖弄并有不尊重之嫌。而他的那句口头禅更是让考官产生厌恶的心理。所以，面试的时候，不要显得自己比面试官还博学多才、见多识广，要摆正自己的位置，用一种学生请教老师的姿态去面对你的面试官。

的确，面试的时候，每个求职者都希望可以将自己最优秀的一面展示给考官，以争取更多成功的机会。但这并不表明你可以夸夸其谈，凌驾于考官之上。要知道，考官掌握了你的求职命运，你只有将话说得收敛，才能让考官从心眼里觉得你是个虚心向上的人。

那么，面试中，我们该怎样说话才能体现出自己的虚心呢？

1.尊重考官，认真倾听后回馈考官

有个在广告公司担任人力资源经理的人叙说自己曾经面试过的一个小伙子的求职经历：有一次，他面试一个小伙子，一看简历，得知是自己的老乡兼校友，无形之中就多了一分亲切感。于是，他跟那个小伙子说自己当年也在四中读过书，也在那所学校住过校，等等，这一讲就是十几分钟。临结尾了，他问小伙子一句：“你觉得他们谁更有领导风范？”

“啊？”小伙子先是一愣，然后赶紧说道：“你说的他们是谁啊？”这位人力资源经理有些生气了：“我说了半天，你没有听见吗？我说王校长和吴校长这两个老校长谁更有领导风范？”

那个小伙子的思想不集中，没有认真去聆听面试官的话，所以对于考官的话答不上来。很明显，考官会从心里觉得：这个求职者太目中无人了，对我连起码的尊重都没有！当考官对他产生这样的印象后，他要想顺利过关，恐怕已无希望！

从这位年轻人的面试经历中，我们应该吸取教训，对于考官的任何一句话，都要认真倾听，并作好反馈。任何人都不希望别人对于自己的话置若罔闻，考官也是。从另一方面说，对考官的话给予反馈，也是产生心理共鸣的重要方式。

有个女生在求职简历中提到“热爱音乐，喜欢创作”，而恰巧，这名考官也酷爱音乐，就不禁多问了她一句：“你很喜欢音乐，都听什么样的音乐呢？”

“我的兴趣爱好很广泛，但听音乐是每天必须要做的事情，我喜欢听国外的音乐。”

考官问：“国外的什么音乐呢？”

她说：“嗯，肖邦和贝多芬的。”

显然，面试官有些惊讶，心想年纪轻轻音乐素养还蛮高的，于是，就又问道：“喜欢听他们的什么曲子呢？”

她想了想，说：“喜欢肖邦的《夜曲》，那是他为好友费尔德而创作的，还有《E大调练习曲》也非常棒；贝多芬的我听得不多，但知道《命运》是其最具代表性的作品。反正他们的所有作品我都喜欢，觉得很有内涵。”

面试官一听，当时就连连点头，最后居然和这位女生就肖邦的音乐聊了很久，这名女生也理所当然地被录取了。

2.说话不要表现得比考官高明

虽然面试我们的考官在有些方面不一定比我们高明，但尽管如此，我们也不可说话太过高调、压低对方，这只会让面试官觉得你目中无人。

有一个男孩子的简历里写自己以前搞过乐队，是吉他手。面试的时候，考官问他："那你喜欢玩什么风格？"他说就是流行的。考官说，就玩流行，不觉得没劲吗？他说："刘经理，你可能不懂，搞乐队的几乎都是玩流行，其他的没人玩。"本来考官还想说几句，但一听他这么说，直接就跳到下一个求职者了。

3.说话要不偏不倚

比如，面试官问你：X公司跟我们公司都是做这个招聘网站的，你觉得我们这两家公司哪一家优势更明显一些呢？这时，你不可不假思索地说"当然是咱们公司了"，这只能说明你是个马屁精。当然，你也不能说那家公司好。此时，我们要机智，要不偏不倚地指出两家公司各有千秋，并让考官自己得出结论，我们公司还是略胜一筹。这样的回答，既没有空洞直白的马屁，也没有刻意做作的恭维，效果反而会更好。而最重要的是，你的回答让考官从心里觉得你是一个虚心、诚实的人，自然会对你留下好印象。

总之，面试的时候，我们只有放低姿态，说话收敛一点，让考官觉得你很虚心，才能俘获考官的心！

第7章
职场说话就是有讲究——大方得体，心细如泥

职场上，我们每天都要和同事、领导打交道，自然免不了要说话、交谈。说什么，怎么说，什么话能说，什么话不能说，都应“讲究”。可以说，在职场上，“说话”也是一种艺术。能不能说好话，从小处看，影响到我们与同事、领导的关系和工作的氛围。从大处看，直接关系到我们的职场命运。职场说话，我们也需要学会一些心理策略，通过说话来操作对方的心理，让同事和领导喜欢我们，这是我们在工作中无往不利的砝码！

给同事留下易相处的印象

身处职场，办公室每天都发生着这样那样的是是非非。不管你是否卷入了这些是非，也不管你是喜欢路见不平、拔刀相助的“英雄”，还是“事不关已，高高挂起”的“世外闲人”，都要和这些同事们日复一日、年复一年地相处下去，这就需要你掌握一些与同事说话的艺术，尤其是要把握说话的分寸，在他们心中塑造出一种受欢迎和被欣赏的说话形象和风格，通过说话，让同事感觉你是个易于相处的人，只有这样，才有利于工作的开展，有利于自身的发展。

与同事相处，要讲究分寸。话太少不行，现在社会中的人都是社会型动物，那些少言寡语的人，会被大家看成不合群、孤僻、不善交往之人，久而久之，他们就会被大家孤立，难以有什么发展。话多了也不行，容易让别人反感，也容易让别人误解，认为你是个轻浮、不稳重的人，还容易落下个“乌鸦嘴”的名声。所以说，不多说一句，也不少说一句，才是与同事相处时最理想的说话分寸。

与同事说话把握分寸，有下面这样几条原则。

1.公私分明

不管你与同事的私人关系如何，如果涉及公事，你千万不可把你们的私交和公事混为一谈，否则你会把自己置于一种十分尴尬的境地。

2.注意对方的语言习惯

我们在与同事交往的过程中，必须留意对方的忌讳语，若一不留心脱口而出，最易伤同事间的感情。即使对方知道你不懂得他的忌讳，虽情有可原，但你终究还是冒犯了他，因此，应该特别留心。

3.不要展示自己的优越

有些人动不动就提到自己或家人的辉煌业绩和显赫地位，以此向同事们炫耀，这将对同事们的自尊心造成伤害，引起大家的不快，令他们对你产生厌恶和反感。

4.尽量使用和势语言，不发生正面争吵

中国人自古便十分强调“人和”的因素，诸如“和气生财”“和为贵”“家和万事兴”之类的古训，至今仍被人们所津津乐道。无论你在你的公司、单位或任何一个利益共同体中处于怎样的位置，都应该与你的同事团结一致。“内讧”只能使每个人的利益都受到损害。

比如，你偶然发现某位跟你十分熟识的同事竟然在你背后四处散播谣言，数说你的不是和缺点，这时你才猛然觉醒，原来平日的喜眉笑目，完全是对方的表面文章！这时候，你可能很想和他大吵一通，揭露他的“恶行”，让其他的同事认清他的真面目。千万不要这样，因为大家是同事关系，你若摆出绝交态度，一定吃亏：一则别人以为你主动跟他反目成仇，问题必然出在你身上，这等于在无形中给了对方一个借口去伤害你，这样做太不理智了。二则你们同在一个办公室，你总不想成天看见一副冷若冰霜或是怒目而视的面孔吧！对方滔滔不绝或多有冲撞冒犯之时，尽管任其发泄，自己在旁心平气和、处之泰然，尽量以柔和礼貌的语言来表达自己的意见。所谓“不打不相识”，同事与同事间往往正是在这种貌似攻势的激烈争执中达到了心灵的沟通和思想观念的交流，反倒越吵越了解，越争越痛快，比起以前的“和平共处”阶段还要互相尊重和信任。更何况你俩还有合作机会，而上司最不喜欢下属因私事交恶而影响工作。

5.闲谈时莫论人非

只要是人多的地方，就会有闲言碎语。有时，你可能不小心成为“放话”的人；有时，你也可能是别人“攻击”的对象。这些背后闲谈，如领导喜欢谁、谁最吃得开、谁又有绯闻等，就像噪音一样，影响人的工作情绪，聪明的你要懂得，该说的就勇敢地说，不该说的一定不能乱说。

某公司从外企挖来一名销售主管，一上任公司就给配了专车，月薪也要比其他部门经理高。

而正是因为这样，这名主管的气焰很高，说话行事都有点儿冲，把十几个人支使得团团转，下属对他不太心服，暗地里总是说他坏话。主管也是明白人，知道下属和他对着干，但他采取的不是怀柔政策，而是“镇压”方式。他每天把每个人完成的工作和成本——即使是用了几张纸、打了多少电话，也一一记录下来，作为月底考核标准。这一招够狠，底下的员工一个个忙得不可开交。不少人心里仍是不服这种管理办法，但只好在私下里发发牢骚。

过了一段时间，单位招来一个女文员，待人接物大大方方，一来二去就加入了反对主管的阵营。有时遇同事们在声讨主管，她也会插几句不痛不痒的话。

这样过了半年，女孩和大家就成了无话不谈的朋友了。一个很偶然的机会，一位同事突然得知那个女孩是主管招来的，顿感不妙。但他们知道得太迟了，到了年终，主管提议销售人员“大换血”，结果 8 个人被解聘了 4 个，剩下的 4 个明白过来后感慨万千，又自动走掉了两人。如今，剩下的两人在工作的时候，看着那个漂亮女孩走来走去，一句牢骚话也不敢说了。

在办公室，同事每天见面的时间最长，谈话内容可能会涉及工作以外的事情。但我们要知道，与同事说话，尽量不要在背后议论同事或者领导，更要懂得保留，什么该说，什么不该说，我们都要把握分寸，这样才能让同事觉得你是个可以信任的人。同时，这也是自我保护的一种手段，否则很可能招来不必要的麻烦。

总之，与同事说话，我们要懂得一些心理策略，让同事感觉到我们易于相处，这便能在整个说话中掌握主动权，最终使自己的意思较顺利地得到实现。

说话“有板有眼”，树立威信

身处职场，与同事打交道，最重要的就是能力被认可。可见，我们在说话的时候，要讲究策略，要想博得威信与同事的支持，就要“有板有眼”。因为从心理角度看，人们觉得那些说话沉稳的人更值得信任，更愿意支持他们。

身处职场，我们在同事中的威信是由自己的言行树立起来的。有时候，我们与同事的谈话不是朋友之间聊天，如果与对方谈了一个小时都没有说出一句有决策力的话，那这场交谈就是无效的。那么，我们具体应该怎样说话呢?

1.注意态度，不可目中无人

要在同事间树立威信，我们就应该在讲话中时刻注意其他同事尚未发现的问题。言谈举止中要有个人魅力，处处起表率作用。同时，要根据不同对象和不同环境发挥自己的讲话技巧，切忌态度高傲，目中无人。

2.放低姿态处理与同事间的不同意见

一个没有主见、被人左右的人无法得到下属同事的尊敬与服从，所以，我们必须维护自己的威信。因此，我们在与同事交谈时，应摆出兼收并蓄、取长补短、互相切磋、求同存异的姿态。碰到情况时，不要忙于下结论、忙于批驳对方，而应以姿态低调但主导性很强的话说出自己的看法，比如：

你的意见还是不错的，但是如果换一个角度看，会怎么样?

我的想法和你不同，我们可以交换一下意见吗?

嗯，让我考虑一下，我们可以明天再谈这个问题。

这样的话语不失威严而且易于被对方接受。

3.尽量最后表态

中国人是最具有“重点置之于后”的心理因素的。所以我们不必抢着说话，越是最后说话越有权威。

在与同事谈话时，应该让对方充分地把意见、态度都表明，然后自己再说话。让对方先谈，这时主动权在我们这一边，可以从对方的说话中选择弱点追问下去，以帮助对方认识问题，然后再谈自己的看法，这样易于让对方接受。在对方讲话时，自己先思考问题，最后决断，后发制人，更能让对方认可我们的说话能力，从而信任我们。

4.注意表达

我们要想在同事中树立威信，除了要注意自己的态度和说话的方式外，也需要注意表达方法。

①说话要言简意赅、长话短说。句子短一些，不仅说起来轻松，听起来省力，吸引力也强。

②说话一定要有条理，要吐字清晰，语速适当。在说话时要坚定而自信，力度要适中，注视着对方的眼睛，这样才能显示出自己是充满自信和颇有能力的。如果讲话时眼睛不敢正视对方，会使同事觉得你意志薄弱，容易支配。

③要学会用幽默的风格讲话。幽默的话，易于记忆，又能给人以深刻印象，正是自我标榜的商标。在工作场合，一般是不适宜开玩笑的，但是如果我们能够恰当地开几句玩笑，恰恰说明我们的特殊地位。

一次，张主任召集全单位人员开会，当时会场比较嘈杂，听众情绪还未安定。张主任这样开头了，“有个笑话说，张飞和关羽参加一次刘备召开的军机会议，当时大家正交头接耳，刘备无法讲话。张飞说：‘哥，看我的。’于是他用在长坂坡喝退曹军的大嗓门吆喝一声，结果大家并没有安静下来。关羽说：‘小弟，你那手不行，还是看我的。’于是，他便坐在刘备的位子上，捋须凝目，似有所思。这下子大伙儿觉得奇怪，倒安静下来了。其实，这只是个笑话，刚才大家交头接耳，现在为什么静下来了？这个问题留给大家思考，我今天所要讲的主要内容是……”

生动贴切的故事，立刻引起了听众的注意，会场很快安静下来了。

从张主任这番话中，我们发现，有时候，绝对的权威并不能起到正面的作用。我们要树立威信，的确需要说一不二，但在气氛严肃时候，语言幽默更能带动谈话气氛。

5.不要害怕承认错误

你会对某些人企图推卸自己的责任所花的脑筋和时间之多感到惊讶，其实这都是没有必要的，一个人不可能老是正确的。如果有百分之六十是正确的，而他又能迅速改进其他百分之四十，那他就是非常了不起的人。大多数人尊敬那些直截了当承认错误的人，这是大人物的特点。

因此，我们要想在同事中树立威信，让同事产生信任的心理，获得同事的支持，在说话的时候，就一定要讲究策略，用语言影响对方的心理！

三言两语巧妙说，削弱上司与你的矛盾

宇宙万物，无时无刻不处于矛盾之中。身处职场，与上司共事、相处，难免会出现碰撞而导致误解和矛盾的产生。有时，我们往往在不经意的时候得罪了某位领导，而自己却浑然不知，等到弄明白是某位领导误解了我们的时候，已经为时晚矣。

那么，误解缘何而生？这是非常复杂的问题，因为它涉及人的心理活动的复杂性。嫉妒、多疑、防范、自负甚至是对你过度的喜爱，都能诱发领导心中对你的不信任感，令其产生各种误解。而产生误解的一般性原因或者说客观性原因是：上下级之间存在着信息不准确或沟通不足等情况。由于下级和领导缺乏足够的交流，因此，他缺乏对你全面、直接和理性的认识，容易受他人意见的蒙蔽。由于领导受直觉的左右和主观判断的影响，因此对你的言行产生认识误差。

其实，矛盾并不可怕，最重要的是我们能够勇敢地正视它，并运用自己的智慧和技巧化解它，上下级之间一个最常见的矛盾就是彼此之间存在着误解和隔阂。如果处理不当或掉以轻心，误解便会成为成见，隔阂更会扩展成鸿沟，这无疑对下属是极为不利的。关于矛盾的化解，有时候，我们可以借助语言这一媒介，只要我们善于从上司的心理出发，通过三言两语，把话说到上司心坎上，削弱并化解矛盾并不是没有可能。

上司误解了下属，一般而言，他不会主动找你进行沟通。你对待上司误解最明智的态度就是及时、主动地去消除它，不让它成为定型之见。否则就会让好的机缘与你擦肩而过，让你悔之晚矣。以下六种消除误解的方法可供参考。

（1）极力掩盖矛盾。每当有人说领导和你的关系不好时，你都要极力否认此事，防止事态扩大，以利于缓和矛盾。

（2）公开场合注意尊重领导。在工作中，上下级经常碰面，你要主动和领导打招呼，不管领导爱理还是不理，你的脸上要挂着微笑。

（3）背地场合注重褒扬领导。要知道，当面说别人好不如背地褒扬别人效果好。背地里褒扬领导，领导肯定会高兴的，这样更利于误会的消除。

（4）紧急情况“救驾”。平时工作中，你若得知领导遇到紧急情况而没有台阶下，你要挺身而出及时前去“救驾”，做好打圆场的工作，这有利于领导心理平衡，消除误会。

（5）找准机会解释前嫌。待领导对自己慢慢有了好感以后，你要利用机会，与领导很好地进行交流以解释前嫌。

最近，职员小王有这样一个苦恼，她向好朋友诉苦：

“我组一共两个人，我是领头的。目前，由于原来的组员离职，新调来一位在我们部门有4年多工作经验的女孩。我们俩关系还好，沟通没有问题。她觉得工作做不过来，要去找领导谈，但是去找之前和我沟通过了，我认为她是老员工并且是公司的骨干员工，她去找领导沟通沟通应该没有问题，领导会给她更好的指导和鼓励。但他们沟通完的结果是领导找我了，认为我工作做得不够好，工作分配似乎不合理，没有缓解她接手新工作的压力。这个结果完全出乎我的意料。同时，领导对我以前的工作表示怀疑，我很是委屈，觉得领导对我的误解很多。实际工作中并不是这样的，我觉得自己付出很多。在领导找我谈的时候我已经说了，但是回想后觉得自己并没有完全表达出来，而且越想越生气，我该如何处理好呢？我想再找领导谈谈。”

而她的朋友是这样给她支招的：“我觉得，你可以和领导谈谈，譬如你的看法，不用太小心谨慎。其实领导一般还是希望得到员工的真实想法的。但是谈话之前，你要做到有理有据。把你手头的工作理一理，哪些是给这个女孩做的，哪些是你做的。和领导说话，要口气温和，有理有据。

针对领导觉得你分配不合理的地方，说出你的看法，或者听领导给你更好的建议。但要注意时机和场合，有第三人在场或领导百忙缠身、情绪不佳时都不宜沟通，沟通时也须注意实事求是和自身情绪，否则你稍不注意就可能招致个人发展中的麻烦。毕竟领导也是人，尤其是存在形形色色的领导。”

小王按照朋友的建议，找了个机会，解开了误会。自从那次后，领导更加信任小王了。

小王的做法是正确的，在合适的机会下沟通，才能达到预想的效果。从心理学的角度看，人们能否接受建议，是与心境有关的。当上司百忙缠身、情绪不佳时，你若想解开误会，恐怕只会事与愿违。

（6）经常加强感情交流。领导与你的误解烟消云散之后，你不要掉以轻心，而要趁热打铁，通过经常性的感情交流增进友谊，让感情与日俱增。

做到以上几点心理策略，我们与上司之间的矛盾必会逐渐解开！

巧妙汇报工作，赢得领导喜欢

说话是一门重要的学问。一个人来到一个企业，很重要的一件事情就是要学会说话。因为我们不仅要与同事沟通，更要与上司沟通。我们如果能与领导进行有效沟通，对建立并保持良好上下级关系，对自己以后的成长有很大帮助，更具有重要意义。作为下属，我们免不了要和上司在工作上有往来，也就难免要向领导汇报工作。一个成功的职场人士也必然是一个善于汇报工作的人，因为，在汇报工作的过程中，他能得到领导对他的最及时的指导，更快地成长；并且，在汇报工作的过程中，他能够与主管上司建立起牢固的信任关系。可见，我们要想赢得上司的信任，就必须掌握领导的心理，学会巧妙地汇报工作，把句句话说到上司心坎上，令上司满意于我们的表现。

那么，我们应该怎样汇报工作呢?

1.主动汇报

上司都有这样的心理——即使再忙，也希望能掌握每个下属的工作动态。因此，如果我们能主动汇报工作，那么便是给上司吃了颗定心丸，上司自然也会满意我们的表现。

黄伟是一名外贸公司的部门经理，由于事情多，就忙得忘记了对领导汇报工作。有一天，他在开会时批评下属说：“你们现在好像一天都很忙啊，都不汇报工作了。”可是，会后，他听见员工们说：“黄总光会说我们，他自己好像也有十天半个月没有去总经理办公室了吧。”这话倒提醒了黄伟，他想，这段时间工作是很忙，但是也没有忙到没有时间去向上司汇报工作情况的程度，怪不得总经理这些天好像对自己有意见似的。如果每天甚至每两天抽出一个小时的时间走进上司的办公室，向他汇报自己的工作，可能就不会是这样的情况了！

想到这里，黄伟立即安排秘书为自己做工作详细记录，第二天他走进上司的办公室，对老总说：“总经理，这是我近来的工作进度，请您审查。”上司对他流露出微笑：“有进步啊！”黄伟也报以微笑。

从案例中，我们发现，在与领导沟通时，主动的态度十分重要。主动汇报工作，与领导及时交流，不仅能及时更正错误或不当的工作方法，还能让领导放心。而实际上，很多下属往往慑于周围人际环境的压力，唯恐领导责备自己，害怕见到领导，不主动上报工作，也失去了展示才华的机会，更重要的是，也失去了上司的信任。

2.表达服从

古往今来，上下级之间，下级服从上级，这是天经地义的事，虽然也有很多下级冲撞上级，但他们都为此付出了代价，当今职场，这一规则更是不可动摇。在汇报工作的时候，这一点更是我们应该注意的。也就是说，汇报工作时，我们要尽量把焦点放在“汇报”上，而不能越权，更不能说越位话。

3.汇报要有重点

向领导汇报工作时，有时是一件事，有时是两件事甚至几件事，我们要对每件事都应考虑周全，突出重点，千万不可面面俱到，重复表达，啰唆冗长，要力求做到重点突出，这样既节约了领导的时间，又体现了自己对工作的熟悉程度、对问题的把握能力和自己的语言表达能力，同时也提高了工作效率。

越是职位高的人，需要处理的事就越多，有时候不可能每件事都管得过来。上司把某项工作交给你，是对你的信任，是对你工作能力的肯定。如果遇到鸡毛蒜皮的事也去向上司请示汇报，上司就会怀疑你的能力了。而且，事无巨细，统统汇报，也有邀功之嫌。比如，一个负责行政的，对完成的车辆派用等工作的汇报并没多少价值，而那些与通常情况下不一样的处理倒是有必要汇报一下。

4.条理要清晰

向领导汇报前不妨先打好腹稿甚至是文字汇报稿，一、二、三、四、五，言简意赅，层次分明，用最精练的语言，较准确地表达自己的汇报意图。

5.把握领导倾向性意见

有时一件事只有一种解决办法，有时有多种。因此，汇报前要考虑领导倾向哪一种方法，并把这种方法放在前面先说，然后再把其他建议也一并给领导汇报，供领导决策参考。

6.多提解决的方法

汇报工作最重要的是提出解决问题的方案，而不是简单地提出问题。

要记住，汇报问题的实质是求得领导对你的方案的批准，而不是问你的上司如何解决这个问题，若事事都要上司拿主意，要下属还有什么意义呢？我们去找领导汇报工作时要预备多套方案，并将它的利弊了然于胸，必要时向领导阐述明白，并提出自己的主张，然后争取让领导批准你的主张，这是汇报的最标准版本。假如你作的总是这样的汇报，相信你离获得晋升已经不远了。

7.关键地方多请示

聪明的下属善于在关键处多向领导请示，征求他的意见和看法，把领导的意志融入正专注的事情。关键处多请示是下属主动争取领导的好办法，也是下属做好工作的重要保证。何为关键处？即为“关键事情”“关键地方”“关键时刻”“关键原因”“关键方式”。

在了解了以上汇报工作的方法后，我们便能大致抓住上司的心理，从而让上司从心底满意我们的表现了。

如何说话能赢得异性同事的好感

在小小的办公室，男女同事间如何相处？与异性同事又该怎么说话才能赢得好感而不失分寸呢？交谈时，因对方性别不同，方式也有所不同。同性同事之间的谈话可以随便些，而对于异性同事，谈话则应特别当心。这并不是说要处处设防，步步为营，但起码“男女有别”还是不错的。因为两性距离复杂而微妙，处理不好，对工作、人际交往和心态都会产生不利的影响。比如，一位女同事身材肥胖，你千万不能“胖子，胖子”地乱叫；但换了位男同事，叫他几声“胖子”，他可能丝毫不介意。也就是说，我们与异性同事说话时，要从异性心理出发，运用心理策略，把话说到对方心里去，从而给对方留下好印象。

当然，运用心理策略与异性同事说话时，也要根据说话双方的具体性别而言。具体来说，我们可以从以下几个方面努力。

1.注意细节，达到沟通效果

男女的性别、先天思维习惯等的不同，使得职场中异性同事之间的沟通难免会遇到些困难。因此，有职场朋友总有这样的疑问：难道职场异性同事之间注定不能实现有效沟通？这倒不是，职场专家指出，只要你从细节上多注意些，职场异性同事之间同样能实现有效沟通。比如，女同事与男同事讲话，态度应庄重大方，温和端庄，切不可搔首弄姿，过于轻佻。男同事在女同事面前，往往喜欢夸夸其谈，谈自己的冒险经历，谈自己的事业及自己的好恶，更喜欢发表自己的意见，让听者感到惊奇与钦佩。所以男同事需要的是一个听话者。女同事要当一个听话者，请注意不要太唠叨，声音太大，不要总想找机会打岔、纠正对方或对自己家里的长短抱怨不停……但是，如果对方令你难以忍受，那么请巧妙地打断他的话或干脆直截了当地告诉他："对不起，我还有事。"

2.注意表达

职场专家指出，在职场上，男性像赴战场准备作战，女性却像前往社区服务中心建立人际关系，因此男性的工作方式较具战斗性，而女性却倾向于合作。如此不同的风格意味着，冲突和混乱不可避免。

那么，职场男女如何沟通才有效呢？

女性在职场上往往是较弱的沟通者，专家建议，男性应该给予她们较多的体贴、关心、信赖和分享，让她们把话说完、把意思表达清楚，而不要打岔，或是表现出"我都知道了"的不耐烦态度。

对于女性，专家的建议是，要特别注意说话的措词和语气，因为这决定了男性到底会有多认真聆听。女性常在无意间使用"自我削弱力量"的字句，如“好吧”“也许”“好像”“大概”及“我不确定这是不是个好主意，但是……”这样的字句会使女性显得缺乏力量，要尽量避免。

另外，对女性而言，提出问题是获得信息的有效方法，不过男性会据此认为：“她所知不够，应该无法胜任。”因为他们不喜欢提问，原因是他们从小就被教导，身为男人的责任就是提供所有答案，表现自己“无所不知”。为了赢得权利和尊重，女性需要弥补声音较尖细、柔和的“弱势”特质，同时多用充满自信、陈述事实的语句，少用听来较像提问的句子。

3.不隔离，不疏远

我们与异性同事交谈或者沟通时，首先要建立健康的心态，也只有这样，才能大方地与异性说话，才能让对方感觉到你是随和的人，并以同样的心态与你说话。我们要知道，现代社会，与异性一起工作是非常普遍的现象，不能再以男女授受不亲的老观念来束缚自己。即使已婚，也不表示要和异性隔离。过分拒绝和异性相处可能会妨碍职场角色的发挥，也是心理有障碍的表现。我们必须承认，两性共有的工作空间通常比单一性别的环境要来得愉快和谐，工作效率会更高。想在工作场合与异性隔离，不仅不可能，也不合理。

总结起来，男女同事交谈，有以下几条心理秘诀。

职场女性与男性有更佳沟通的秘诀在于：

①只在男性要求时提出劝告，而且最好是私下为之；

②说话时要肯定而有自信，同时提高音量；

③避免经常谈论问题，着重如何解决问题；

④避免漫无边际的闲聊，直接切入中心；

⑤不要太在意批评。

职场男性要与女性有更好的沟通，应注意下列事项：

①女性对你说话时，要全神贯注地聆听；

②犯错误时要道歉；

③不要打断女性说话，不要替她们把话说完，更不要贬低她们的构想。

如何说话能赢得同性同事的喜欢

同事之间要建立良好融洽的人际关系，必须经常相互沟通，除了相互帮助、相互谅解之外，得体恰当的语言也是非常重要的。通常，我们与异性同事说话时，会格外小心，怕在对方心中留下不好的印象。但似乎我们忽略了一点——与同性同事说话时，也要讲究心理策略和说话艺术。很多原本关系非常密切的同性同事，往往由于说话不讲艺术，使对方误解，以致造成同事间的隔阂。那么，同性同事之间怎样交谈才比较恰当，我们怎样才能把话说到对方心里而让对方喜欢我们呢？我们在说话的时候，需要掌握以下几点心理策略。

1.说话前先考虑对方与自己的亲疏关系

倘若对方不是与你相知很深的同性同事，你却畅所欲言，无所顾忌，那么，对方反应该如何呢？你说的话，是属于你的，对方愿意听你的吗？彼此关系浅薄，交情不深，你与之深谈，会让对方觉得你没有修养。

因此，在一个公司内，要同身边的同性同事搞好关系，谈话时必须注意自己与对象的亲疏关系。对关系不深的同事，大可聊聊闲天，海阔天空吹一吹，而对于个人的私事还是不谈为好。但这并不等于对任何同事都要遮遮盖盖，见面绝不超过三句话，而只说些不痛不痒的场面话。如果是交情匪浅的同事，则可以不断交流思想，促膝谈心，互相关心对方的生活与私事，替对方出出主意，排忧解难。这样，还可以增进彼此间的团结与友谊，更有利于工作。但需要注意的是：不要学小人说三道四，东家长西家短。这样，不仅无聊，而且会破坏同事间的团结，破坏同事的名誉。

2.注意对方的层次与性格特征

我们与同性同事说话，不要想当然地认为对方与你性格相同，也不要随便把对方当“哥们儿”或“姐们儿”。与同性同事交谈，首先要明白他的个性。对方喜欢委婉的话，你说话时就应该讲求一点方式方法；对方喜欢直来直去，你大可不必与之绕来绕去、摆迷魂阵；对方喜欢钻研学问，你应该说比较有水平的话；对方文化层次较低，你就应该与之谈些家长里短的俗事；对方如果喜欢推心置腹，你就应该多说些诚恳质朴的话。

当然，这并非要我们如同“六月天，孩儿脸”，一天三变，而是为我们列出一些搞好同事关系的良策。

某甲生性耿直，说话直来直去，无所隐瞒，偏偏碰上了说话喜欢绕弯的某乙。一天清早，某乙刚从厕所出来，正遇上某甲。某甲就大声问道：“从哪儿来？”某乙见有他人在场，且有两位女同事，便随手一指：“从那儿来。”某甲却不明白：“那儿是哪儿？”某乙只好含糊说：“W.C.”W.C.原意是英文厕所的缩写，某甲偏偏不知，又不甘心，继续大声问：“W.C.是什么东西？”某乙见他人都注目两人，便悄悄扯扯某甲，小声道：“1号。”某甲环顾四周，正好1号房间是某女同事的宿舍，大为惊讶：“大清早你上小王屋里干什么？”某乙面红耳赤，无地自容。

上述虽为一个笑话，但也可以证明，即使是同性，对不同的人讲不同的话也十分重要。如果某甲讲究一点说话方式，不再寻根究底地问下去，或者某乙讲话干脆一点，告诉某甲说“厕所”，双方就不会纠缠不清，弄得两人都非常尴尬。

3.要注意对方的年龄

同性之间说话，也应该考虑到对方的年龄。

对年长的同性同事，最好谦虚些、服从些。当然，尊敬是最起码的，年长的同事往往是高你一辈的，经验比你丰富得多。与他们谈话时，切不可嘲笑其“老生常谈” “老掉牙了”，应该持尊重的态度。即使自己认为不正确，也要注意聆听，而后再提出自己的意见。

对于年长的人，最好不要轻易问他们的年龄，因为有些人（尤其是女性）往往很忌讳这一点，被问及年龄时，他们常会感到难堪和颓丧。所以，在与年长的同性同事谈话时，不必提起他的年龄，而只须称赞其干的事情，你的话肯定会温暖他的心，使他重新感到自己还年轻，还很健康。

对于年龄相仿的同事，态度可以稍微随便些，但也应该注意分寸，不可出言不逊，伤人自尊。

对于年纪比你小的同事，也要注意一定的分寸，应该保持慎重、深沉的态度。年纪较小的同事，有些思想可能太冒进，或知识经验不及你，所以，与他们谈话时，注意不要对其随声附和，降低自己的身份。但也不要同他们进行辩论，不要执意坚持自己的意见。只须让他们知道，你希望他们对你有适当的尊敬，他们就会因此而保持适当的态度和礼仪。但是千万不要夸夸其谈，卖弄经验，在自己的知识范围外也信口开河。否则，一旦被他们发觉，他们就会降低对你的信任与尊重。

4.同性同事之间也不可“全抛一片心”

在我们身边，总有一些喜欢向别人倾吐苦水的人。虽然这样的交谈能够很快拉近人与人之间的距离，使你们之间很快变得友善、亲切起来，但心理学家调查研究后发现，事实上只有1%的人能够严守秘密。而同时，从心理角度分析，对方也会对你设防，认为你是不可信任的人。这种情况，一般在同性的女同事之间发生的概率比较高。

所以，当你的生活出现个人危机，如失恋、婚变之类，最好不要四处找同性倾诉；当你的工作出现危机，如工作上不顺利，对老板、同事有意见有看法，更不应该在办公室里向同性袒露，任何一个成熟的职场人都不会这样“直率”的。办公室是工作的地方，不是互诉心事的场所。

美国著名女士玛丽凯有句话：“要把人当人看。”所以，她成功了。然而无论何时，都要记住大师海德格尔的名言：“语言是人类的栖居之地，做个会说话的人。”身处职场的我们，与同性交谈，并不是毫无顾忌的。俗话说：“一句话说得让人跳，一句话说得让人笑。”与同性说话，只有注意分寸，把每句话说到对方心理，才能让对方喜欢你。

第8章

谈判沟通步步为营——知己知彼，百战不殆

生活中，谈判无处不在。谈判不是那些外表风光的外交官的专利，它一直都是人们日常生活中不可或缺的组成部分，因为谈判是我们获得权力和利益的重要手段。谈判中，最主要的自然是“谈”，只有通过“谈”，谈判双方才能达到信息流通，从而达成协议。而这其中，最重要的莫过于取得谈判的主动权，要做到这一点，我们需要掌握对手的心理，通过说话让对方无力反击，建立我方的心理优势，从而让谈判结果有利于我们。

试探出对方的兴趣点

在这个商业社会的信息时代，我们时时刻刻都面临着形形色色的谈判。谈判，打的就是一场心理战。等到真正谈判开始，就进入心理角力战，临场反应很重要，我们要顺利达到自己的目标，就得掌握奥妙的人性心理，并通过语言成功操纵对方的心理。如果我们能把话说到对方的需求点上，那么，对方便会自发地认同我们。

一个年轻人在一家百货公司做业务员，第一天工作刚结束，总经理就开始检查新员工的业绩。每个人都完成了20～30单的生意，而这位年轻人只完成了一单生意。总经理不满意地问他："你卖了多少钱？"

"30万元。"年轻人回答说。

"你怎么卖那么多钱？"总经理吃惊地望着他。

"是这样的，"年轻人说，"一位先生进来买东西，我给他一个小号的鱼钩，然后是中号的鱼钩，最后是大号的鱼钩。我问他上哪儿钓鱼，他说在海边，我建议他买条船，所以我带他到卖船的专柜，卖给他一艘帆船。然后他说他的汽车可能拖不动这么大的船，于是我带他到汽车消费区，卖给他一辆丰田新款豪华型'巡洋舰'。"

总经理听得目瞪口呆，几乎难以置信地问道："一个顾客仅仅来买个鱼钩你就能卖给他这么多东西？"

“不是的，”年轻人说，“他是来给他妻子买卫生巾的，我就告诉他，‘你的周末算是毁了，干吗不去钓鱼呢？’”

上面的这个案例可能在现实生活中很少发生，但它很明确地告诉我们，只要我们把话说到对方的需求点上，让对方认同我们的观点，那么，这些话给我们带来的利益将是无法估量的。这一点，同样适用到谈判过程中。谈判双方，都有一个需求点，我们在谈判前，要先找出这个需求点，然后围绕这个需求点，把快乐说够，把痛苦说透，从两方面加以陈述，如此一来，对方必会在心里接受我们的谈判建议。

我们需要从下面三个方面来述说这个需求点。

1.把痛苦说透

心理学家卡尼曼和特沃斯基发现，损失给人带来的心理冲击是同样数额的获利给人带来的心理冲击的2.5倍。怪不得人们会在本应削减损失的时候仍然苦苦坚持。

研究表明，如果购买的股票价格迅速上升，人们往往会很快将其出手，锁定利润。然后，他们就可以向朋友吹嘘自己的判断力如何准确。然而，如果股票价格大跌，人们则趋向于继续持有股票，等待价格回升。结果，投资者卖出了应该继续持有的股票，而保留了应该出手的。

这是因为人们害怕损失的心理在作怪。从这一现象中，我们可以获取一项谈判经验，那就是将对方不达成协议而产生的痛苦说透。

比如，当我们走在沙漠中的时候，如果水用完了，太阳非常毒辣，你的嘴巴快要冒烟了，这个时候有人过来卖水，哪怕矿泉水卖一千元一瓶，我们也会花钱买下。这个时候，那不仅仅是一瓶水，而是救命的东西，它的价值远远超过一千元一瓶。

再比如，谈判的内容通常牵连甚广，不是单纯的1项或2项。在有些大型的谈判中，最高纪录的议题多达70项。当谈判内容包含多项主题时，可能有某些项目已谈出结果，而某些项目却始终无法达成协议。这时候，你可以反向“鼓励”对方：“看，许多问题都已解决，现在就剩这些了。如果不一并解决，那不就太可惜了吗？”这是一种用来打破谈判僵局的说法，它看起来稀松平常，实则能发挥莫大的效用，所以值得作为谈判的利器广泛地使用。

2.把快乐说够

比如，客户要购买一批产品，但总是在利益上不愿意让步。其实，我们应抛开利益点，把对方购买产品后的利益说透，让对方感觉物有所值。因为双方的利益是既定的，所以，我们要做好分配工作，让对方在最少的利益点上获得最高的快乐情绪体验。这就好似一张饼，你得到的多我得到的就少，你少我就多，而我们就是要让对方心甘情愿地让我们得到更多。此时，我们可以把对方的注意力转到其他地方，让其乐不可支，从而为我们拿到更多的饼提供契机。

3.适当让步

是否知道何时该退出交易，显示了交易者是聪明还是愚蠢。喜剧演员菲尔兹说得好：“如果开头失利，还须需继续努力。如果还不成功，就放弃，没必要在一棵树上吊死。”然而，很多谈判者往往会忘记菲尔兹的建议，顽固地坚持到底，这样做的后果无非是失去谈判的机会，损失利益。

当然，我们在作出让步前，要做好“坚持”工作，并对对方说：“恐怕我作出的让步，会让我的领导大发雷霆了。”这样，会让对方觉得你作出的让步是个艰难的决定，他也会觉得自己占了很大的便宜。

总之，我们在谈判的时候，一定要抓住对方心理，也可以概括成：追求快乐，逃避痛苦。这是人的本性。抓住这一心理说话，我们要做的工作也只有一个：把好处说够，把痛苦说透，帮对方建立一种意愿，从而让其在心理上认同我们，那我们的谈判工作也就离成功不远了。

托出诱人蛋糕，挑起对方兴趣

人生时时刻刻都需要谈判，现实世界就是我们的谈判桌。而是否能攻心谈判，是我们是否能成功谈判的关键因素。在这个现实社会中，每个人都有自己内心的需求，而对于大部分谈判者来说，争取最大的利益就是他们的内心需求。事实上，利益就是他们的死穴。如果你能攻进他们的死穴，展示令人垂涎的利益，就能让对方心服口服；否则，只靠声音大或死缠烂打地诡辩，根本不算是“说话高手”或“谈判高手”。

在买卖双方达成一笔交易时，双方都会竭尽全力维护自己的利益。通常的谈判也最容易将谈判的焦点集中在价格上。例如，一位精明的卖主会把自己的产品讲得天花乱坠，尽量抬高自己产品的身价，报价会尽量高；而出手不凡的买主也会在鸡蛋里挑骨头，从不同的角度指出产品的不足之处，从而将还价至少压低到对方出价的一半。双方都会讲出无数条理由来支持自己的报价，最后谈判在无奈之中成为僵局。如果不是僵局，那么通常是一方作出了一定的让步，或双方经过漫长的多个回合，各自作出了让步，从而达成一个中间价。这样的谈判方式，也是常见的。

但是，如果在商业活动中大家都遵循这样的谈判原则与技巧，往往会使谈判陷入一种误区。这种传统的坚持立场而非利益的谈判方式常常导致谈判的各方不欢而散，以至破坏了双方今后进一步合作的机会。

此时，我们应该抓住对方的心理，从对方所渴求的利益说起，或许会有截然不同的效果。

客户：“M公司的设备比较符合我们的要求，而且他们的价格比你们的要低得多……”

销售方：“的确，他们的价格比我们的要低，他们的设备也不错；但是我们的产品更适合你们。首先，贵公司每年的维修费都是一笔巨大的开支，产品的使用寿命是贵公司需要考虑的关键问题；再加上贵公司的生产方式需要一种高性能、高效率的设备，而且需要考虑设备长久的资源利用率，我们公司的产品刚好可以与贵公司的旧设备共同作业。您觉得呢？”

客户：“可是，你们公司设备的价格与他们产品的价格相差甚远，而他们公司的设备质量也不错。”

销售方：“他们的质量确实不错，这是一份产品的故障调查报告，我们的设备故障率只有1.2%，不知道对方有没有这样一份故障调查报告。据我所知，他们的故障率一直都是在5%左右。这样算下来，贵厂将会为此多付出几万块。”

在这段谈话中，销售方的谈判者就是从客户最关心的利益出发，让客户明白：如果购买了M公司的产品，会带来利益上的重大损失。然后，销售方说出自己产品的优势，这样，在对比之后，客户必然会作出正确的选择。

那么，在谈判过程中，我们该怎样向对方展示利益呢？

1.“减少付出”利益谈判法

谈判涉及的是谈判双方。在我们心中，如果我们希望对方以某个条件答应成交，那么，我们就需要让对方觉得，以这样的条件达成共识是可取的。比如，在商务谈判中，我们可以利用产品价格对比法，也就是销售人员将所推销的产品与同类产品进行比较，用较高的同类产品价格与所谈的产品价格作对比，从而让客户明显感觉便宜的方法。很明显，这样一来，所谈的产品价格就显得低了些。但运用这一策略时，销售人员手中至少要掌握一种较高价格的同类产品，当然，掌握得越多越好，这样才更有可比性。

马先生是一家水果店的老板，生意一直红红火火，这主要还是因为马先生会经营。比如，早上打开店门，马先生就先把那些外观漂亮的水果捡出来，单独放在一边，定价定得高一些，而那些在外表上稍微差一点的同类水果定价较低。

一天，他遇到这样一位难缠的顾客。“你的水果也不怎么样啊，1斤也是1块钱吗？”这个顾客拿着一个水果仔细端详起来，还敲了敲，看看水果到底怎么样。

“呵呵，您放心，我的水果不能说是最好的，但也是这一片比较好的。您不信，可以和别家的比较比较。”马先生满脸堆笑，不紧不慢地说。顾客说：“太贵了，8毛卖不卖？”

马先生还是笑眯眯的：“先生，我要是1斤卖你8毛钱的话，那之前买的那些人岂不是买亏了？而且，我这已经是最低价了，周边几个水果店卖得都贵些，您也可以去问问。”

不管顾客是什么态度，马先生一直保持着微笑。虽然这个顾客认为水果太贵，但最后还是被马先生的态度折服了，以1斤1元的价格买了好几斤。

“嫌货才是买货人啊。”马先生感慨地说。

当然，我们在利用这一心理策略谈判的时候，最重要的还是把握客户的心理，如案例中的马先生，他看出了顾客想买的是便宜的水果，而不是相对较贵的，“对比出效益”，马先生也并没有多说什么，而是让客户自己在内心作对比，可以说，马先生是个真正能洞悉客户内心世界的销售员。同时，我们还看到，马先生对自己的产品很有信心，在客户批评自己的水果时，一点也不生气，这也体现了一个销售员的修养问题。很多销售员在介绍产品时，一听到客户抱怨产品，就按捺不住心中的怒火，有的甚至和客户理论起来，这是断不可行的。

2.“物有所值”利益谈判法

客户：我觉得你们的设备挺符合我们的要求，只是这质量方面，我还是有点担心。因此，我觉得有些贵。

销售方：这个您完全可以放心，国家质检部门已经作过多次检验了，我们所有的设备合格率是90%以上，而且这型号的设备质量比其他的都好，它的合格率达到了95%；而其他公司的产品合格率才85％。

客户：是吗？

销售方：是的，您看，这是产品相关的质量合格证、质检部门的检测报告……

客户：是这样啊。

销售方：目前这款设备已经在全国20多个城市销售了100多万台，重要的是直到现在我们仍然没有接到任何关于这款设备的退货要求。所以，您大可放心。

这里，销售方的谈判者抓住了客户担心产品质量的心理，从事实出发，从而打消了客户的这种想法，最终让客户觉得购买该产品物有所值。

这一销售谈判法同样也适用于其他任何谈判中，只要让对方看到他希望得到的利益，对方一定会就范，并顺利接受谈判建议！

转移话题，打破僵局

谈判充满了变数，并不是每次都能够顺利进行。进行谈判时，因为谈判各方利益点的冲突或因为谈判某方语言方式让人接受不了等，谈判陷入僵局是常有的现象。每一位谈判者或早或晚都将面对谈判的困境。分歧的确令双方都非常难堪，但又很难避免其发生。造成谈判困境的原因有很多种，可能是价格上的分歧、交易条件上的分歧、售后服务方面的分歧等，双方要么沉默相对，要么索性终止谈判。这是双方都不愿发生的局面，也会给各自企业带来损失，对谈判个人来讲更是时间上的浪费。那么，如何才能化解矛盾，摆脱谈判僵局呢？

许多经验欠佳的谈判手在困境面前不知所措，认为谈判即将破裂，自己没有办法扭转局面，以致完全丧失了继续下去的信心。其实在实际谈判中真正的僵局少之又少，很多困境都是有办法解决的，只是需要一定的方法。

我们知道，谈判少不了说话，谈判会陷入僵局，往往是因为我们说了令对方不悦的话。也就是说，如果我们即时转变话题，把话说到对方心里去，谈判双方的心情是可以舒缓的。

很多时候，对于谈判新手来说，僵局听起来好像是死胡同；可对于优势谈判高手来说，它们只是一个插曲罢了。无论什么时候，你都可以使用一种非常简单的策略来打破这些僵局。该策略被称为“暂置策略”，也就是转移话题。

阿以战争爆发之后，美国代表前往中东，告诉以色列：“请坐下来，与埃及政府谈谈看。因为如果你们不这么做，很可能就会有人发动第三次世界大战。”对方的反应很可能会被很多人误以为谈判进入了死胡同——“好吧，我们可以和他们谈，可我们想首先声明一点，有一件事情是绝对无法谈判的。无论出现什么情况，我们都绝对不会退出西奈沙漠。我们在 1967 年就占领了这个地方，我们的许多油井都在那里。我们绝对不会退出西奈半岛。”

埃及代表告诉对方：“可以。我想我们知道西奈沙漠对你们有多重要了。你们的油井在那里。你们在1967 年时就已经拥有了这块土地。好吧，那就让我们先把这个问题放到一边。讨论另外一些重要问题吧。”

我们非常清楚，埃及人对西奈地区的态度同样坚决，他们要求以色列一定要从西奈地区撤军。然而，通过使用暂置策略，埃及人可以先解决许多小问题，并在这个过程中为后面的谈判积聚一些能量。然后，当埃及人重新把谈判的重点转回西奈地区撤军问题时，这个问题似乎就不是那样无法解决了。而最终，以色列人从西奈撤走了军队，虽然他们当初曾反复重申自己绝对不会撤军。

1991 年，美国试图让以色列再次回到和平谈判桌前与巴勒斯坦解放组织进行谈判，美国国务卿詹姆斯·贝克再次遭到了以色列的强硬抵制。以色列人起初坚持认为，只要一进行谈判，对方就会提出要以色列从巴勒斯坦定居点撤军，而在以色列看来，撤军是绝对不可能的，所以他们干脆拒绝与自己的敌人坐到谈判桌前。詹姆斯·贝克是一个非常聪明的谈判高手，他知道，要想让以色列重新坐到谈判桌前，他必须把僵局问题放到一边，首先解决一些小问题。

于是他说："好的，我也意识到你们并不准备和巴勒斯坦人举行和平会谈，可我们不妨先把这个问题放到一边。设想一下，如果真的举行和平会谈，你们希望会谈的地点在哪儿？是在华盛顿，或者是中东，还是在一个中立城市如马德里呢？"

通过讨论这些看起来微不足道的问题，美国国务卿詹姆斯·贝克一步一步地把谈判推向前进。然后他提出了巴勒斯坦谈判代表的问题。如果巴勒斯坦解放组织派出代表参加谈判，以色列方面希望谁来代表该组织？解决完这些小问题之后，再和以色列讨论和平问题已经变得很容易了，而以色列人最终同意和巴勒斯坦解放组织举行和平会谈。

从这两个经典的谈判案例中，我们发现一个谈判技巧：当谈判双方陷入僵局后，恰逢时机地转化话题是缓解气氛、解决问题的关键。从心理角度看，此时，双方的心情都是压抑的，如果我们再纠结在原本无法解决的问题上，那么势必会让气氛更加沉重，更不利于谈判的进行，而如果我们能转化话题，则能转移对方的注意力，从而缓和气氛，进入再度谈判的过程。

那么，谈判中，我们该如何转移话题呢？对此，我们需要注意一下几个方面。

（1）千万不要混淆僵局和死胡同。所谓僵局，是指谈判双方就某一个问题产生巨大分歧，而且这种分歧已经影响到谈判的进展了；所谓死胡同，是指双方在谈判过程中产生了巨大分歧，以至于双方都感觉似乎没有必要再继续谈下去了。谈判过程中很少会出现死胡同，所以，当你以为自己遇到死胡同时，你很可能只是遇到了僵局。

（2）先在小问题上赢得对方的共识。你可能会问："如果我们不能在价格和付款方式等重要问题上达成共识，为什么还要浪费时间讨论那些微不足道的问题呢？"可优势谈判高手非常清楚，一旦双方在那些看似微不足道的小问题上达成共识，对方就会变得更加容易被说服。"我们先把这个问题放一放，讨论其他问题，可以吗？""我知道这对你很重要，但我们不妨把这个问题先放一放，讨论一些其他问题。比如，我们可以讨论一下这项工作的细节问题，你们希望我们使用工会员工吗？关于付款，你有什么建议？"

这样，你可以首先解决谈判中的许多小问题，并在最终讨论真正的重要问题之前为谈判积聚足够的能量。

（3）首先通过解决一些小问题为双方创造契机，但千万不要把谈判的焦点集中到一个问题上。

动之以情，以情感人

有人说，谈判桌上永远是虚虚实实、真真假假，信息的掌握也各有不同，无论是谈判的哪一方，都希望用尽各种办法让对方相信他们比对方更有优势。最常使用并且效果最佳的方法就是给对方施加压力，比如，他们会拿竞争对手来压你，他们会在事前对竞争者进行充分的调查，在谈判时突然拿出数十张数据资料，使你信以为真，并让你接受谈判条件。

但事实上，无论是何种谈判，“用刑”不如“用情”，用点情说话，会更容易打动对方，让对方臣服于我们的真情实意，如此一来，谈判自然会有利于我们。因为人都是感情的动物，在谈判中也会“感情用事”，即使谈判涉及利益问题，对方也可能会因为“情”作出“失之偏颇”的决定。

那么，我们该怎样用“情”说话，以此来掌控谈判对方的心理呢?

1.考虑对方的利益，从对方的角度说话

事实上，谈判中，双方在沟通的过程中都有一个自己的立场，若别人说话的立场和自己的不同，自然会产生抗拒心理。聪明的谈判者应该学会和客户站到同一个立场上去，并从对方的角度出发去思考问题。

某客户准备为自己的饭店购进一些桌椅，于是，他和家具公司的代表谈判。

客户：“我觉得那套棕色木质家具看起来比较大方，而且我一直比较喜欢木质的东西……”

销售方：“请问您的饭店大厅有多少平方米？”

客户：“我的饭店有100平方米，买二十套这样的桌椅应该能放得下。”

销售方：“您看一下这套家具的宽度，放在100平方米的饭店大厅里会不会让剩余的空间太狭窄了？其实主要是我们这里这个展厅比较大，很多人一进来就相中了这套家具，实际上那套小巧玲珑的家具更适合现代餐厅布局的特点，而且价格也比刚才那套实惠很多。”

客户：“你说的对，我还是买这套小一点的吧。”

销售方的谈判代表并没有利欲熏心，而是从客户的实际情况出发，及时提醒了客户：购买贵一点的那套木质家具是不适合的。这位谈判者这样说，会让客户从心里感激他，并觉得他是一个具备难得品质的人，因此自然会毫不犹豫地达成谈判目的。的确，伟大的销售员总是会在第一时间考虑客户的要求，一旦你掌握了这种方法，你的工作就能够更顺利地进行，并且你不只是做成一笔生意，你还赢得了一名忠实的客户。忠实客户给你带来的利益是不可估量的。

2.让信息流动起来

麦肯锡的一条著名原则是“让信息流动起来”，谈判中沟通的重要性从中可见一斑。有人说，谈判中谁掌握的信息多，谁就掌握了谈判的主动权。此话不假。实际上，如果我们能多和对方沟通，让信息流动起来，那么，便会减少很多不必要的误解。

一位知名的谈判专家分享他成功的谈判经验时说道：“我在各个国际商谈场合中，时常会以‘我觉得’（说出自己的感受）、‘我希望’（说出自己的要求或期望）为开端，结果常会令人极为满意。”

其实，这种行为就是直言无讳地告诉对方我们的要求与感受，若能将其有效地直接告诉你所想要表达的对象，将会显示出我们的真诚，用真诚换真诚，这是最佳的谈判结果。但我们同时要切记“三不谈”：时间不恰当不谈；气氛不恰当不谈；对象不恰当不谈。

3.说话要有耐心

无论多么简单的交易，我们都要充满耐心，即使是一个很小的环节。人们经常因为没有花时间系统地质疑自己的先入之见或者考虑清楚交易的原因，而身陷糟糕的交易中。心理学家把这种急切的心态称为“确认陷阱”——他们没有去寻找支持自己想法的证据，同时又忽视了那些能证明相反意见的证据。

而从谈判对方的角度看，我们在谈判中，说话越是有耐心，他们越是能看出我们的素质和修养，越愿意与我们合作。

4.多询问对方的意见和想法

询问与倾听的行为，是用来控制自己，让自己不要为了维护权利而侵犯他人。尤其是在对方行为退缩、默不作声或欲言又止的时候，我们可用询问行为引出对方真正的想法，了解对方的立场以及对方的需求、愿望、意见与感受，并且运用积极倾听的方式，来诱导对方发表意见，进而令其对我们产生好感。一位优秀的沟通好手，绝对善于询问以及积极倾听他人的意见与感受。

总之，谈判中，用“情”说话，让对方心服口服，比用尽心机让对方屈服的效果要好得多！这也是我们要掌握的重要的谈判策略之一！

找到令对方舒服的方式索取利益

一般情况下，在谈判时，双方都会竭尽全力维护自己的谈判立场。通常的谈判也最容易把谈判的焦点集中在利益上。比如，一位精明的卖主把自己的产品讲得天花乱坠，尽量抬高产品的身价，报价要尽量的高；而另一位出手不凡的买主也会在鸡蛋里挑骨头，从不同的角度指出产品不足的地方，从而将还价至少压低到对方出价的一半。最后双方都会讲出无数条理由来支持自己的报价，最后谈判在无奈情况下成为僵局。如果不是僵局，那通常是一方做出了一定的让步，或双方经过漫长的多个回合，各自都进行了让步从而达成的是一个中间价。像这样的谈判方式在商务活动中是非常容易遇到的。

而实际上，一个谈判高手，不会打这种耗费精力的持久战，他们多半会另选说话的角度，抓住对方的心理，说出能让对方心甘情愿让步的话，进而在不动声色中索取到想要取得的利益。

那么，谈判中，我们该怎样运用这一心理策略呢？

1.赞美法，满足人们的自尊心和荣誉感

人，总是希望得到他人的赞美。无论是牙牙学语的孩子，还是白发苍苍的老人，都希望获得来自社会或他人的得当赞美，从而让自己的自尊心和荣誉感获得满足。尽管我们都是抱着赢取最大利益的心态谈判的，但在赞美面前，每个人都愿意愉悦自己的耳朵，而宁愿放弃一些利益。

1671年5月，伦敦发生了一起震惊的盗窃案。一伙盗贼潜入伦敦市郊的马丁塔，想盗走英国的镇国之宝——英国国王的皇冠。然而，这群盗贼技艺不够高超，被守塔的卫队给擒住了。事后查明，这伙盗贼一共五个人，是集团作案，为首的是一个叫布雷特的家伙。此人能言善辩，机警诡诈。

英国国王查理二世听说有人去盗他的皇冠，非常震惊，于是亲自审问这个胆大妄为的狂妄之徒。

盗贼头目布雷特被押到了国王面前，查理二世看着这个其貌不扬的人，实在看不出他有什么特别之处。于是他开口问道：“听说你还有男爵的头衔？”

“是的，陛下。”布雷特老实地回答。

“我还听说你这个头衔是因诱杀了一个叫艾默斯的人而得来的。”

“陛下，我只是想看看他是否配得上您赐予他的那个高位，如果他轻而易举地就被我打发掉，陛下就能挑选一个更适合的人来接替他的位置。”

查理二世沉思了片刻，觉得布雷特不仅胆大包天，而且口齿很伶俐，于是又厉声问道：“你的胆子可真不小啊，居然敢来偷我的王冠？”

“陛下，我知道我的行为有点狂妄，不过我只是想借此来提醒您关心一下我这个生活没有依靠的老兵。”

“什么？可是你并非我的部下啊！”查理二世惊奇地问道。

“陛下，我从来都不曾与您为敌。现在天下太平，所有的臣民不都是您的部下吗？我当然也是您的部下。”

查理二世感到此人更像个无赖，就直接问道：“那你说吧，我该怎么处理你？”

“从法律的角度来看，我应该被处死。但是，我们五个人死后，每一位至少会有两位亲属为之落泪。而从陛下您的角度来看，多十个人的赞美，总比多十个人的眼泪要好得多，您说对吗，陛下？”查理二世没想到他会这样回答，接着又问：“那么你觉得自己是个勇士还是懦夫？”

“陛下，我现在连个安身的地方都没有，到处都有人在抓我。直到去年我在家乡搞了一次假出殡，让一些人认为我死掉了，才不再被人抓。这显然不是一个勇士的行为。因此，尽管在别人面前我是个勇士，但在陛下的权威面前，我是个懦夫。”

查理二世听到布雷特强词夺理的辩解，居然大悦，不仅赦免了他，还赏给他一笔数目可观的赏金。

这位叫布雷特的盗贼，被国王查理二世抓到后，之所以没被处罚，反而赢得了不少的赏金，就是因为他懂得满足国王的虚荣心，对其进行了一番巧妙的赞美。而从局外人的角度看，在这场交涉中，很明显，查理二世吃了亏，布雷特占尽了便宜。而国王心甘情愿赦免布雷特并赏赐他，也就是因为这个原因。由此可见，谈判双方之间并不需要立场分明、不苟言笑地交涉，有时候，懂得赞美对方，维护和提高对方的地位，不仅可以有效地缓解与对方的关系，还能让对方主动让出利益。

2.制造竞争原则

制造竞争是谈判中的一条原则。谈判中无竞争，只有一个买家，或者只有一个卖家，这是很危险的，再加上时间的限制，谈判就很不容易获胜。假如想引导整个谈判向你希望的方向发展，希望对方作出一些让步，那么最好引入一些竞争，为自己创造选择的余地。

①作为卖主，为你的产品制造竞争，让买主们互相竞争。

②作为买主，为你所买的商品制造竞争，让卖主互相竞争。

3.用语言制造公平、客观的成交标准

在谈判中，为消除一些不公平现象，一般都有可遵循的客观标准，比如，市场价值、科学的计算、行业标准、成本、有效性、对等原则、相互原则等。客观标准的选取要独立于双方的意愿，公平、合法，并且在理论和实践中均是可行的。通常来说，对方为避免吃亏，一般会问："您提出这个方案的理论依据是什么？为什么是这个价格？您是如何算出这个价格的？"

此时，我们就需要充分发挥自己的语言天赋了，要善于阐述自己的理由，要用严密的逻辑推理来说服对手。比如，我们可以这样说："实际上，我们附赠的长期售后服务是其他公司所没有的。您可以想象一下，如果去维修公司请求维修，费用远不止这个差价吧！"

当然，这里说的用语言制造客观标准，并不是说要我们欺骗对手，而是要我们用语言说服对方，以使双方达到一种价值上的认同。

总之，谈判，并不需要我们与对手死缠烂打，只要我们懂得从对方的心理角度出发，用语言来操控对方的心理，让其觉得现在的成交条件不吃亏，那么，我们是可以成功索取到利益的！

抓住对方漏洞，一语击破关键点

我们经常看到法庭上出现这一幕：嫌疑人面对法官的提问，总是否认自己的违法犯罪事实。而他没有料到的是，法官居然能找出他语言间的漏洞，这一关键点顷刻间推翻了他所有的谎言，让他哑口无言，只好供认不讳，和盘托出自己的犯罪过程。同样，谈判过程中，我们也可以采取这一心理策略来推翻对手的言论，给对手一个措手不及。

“最后的赢家才是真正的赢家，要笑就要笑到最后。”这句话一点也不假。谈判中，我们在与对手交涉的过程中，可能对方会侃侃而谈，我们只有倾听的余地，但这并不代表对方已经掌握了谈判的主动权。如果你能用心听，并找出对方言语间的漏洞，就能在关键时刻阐明观点、出奇制胜，让对手心服口服。

在一次集体活动中，当大家风尘仆仆地赶到事先预定的旅馆时，却被告知，因旅馆员工工作失误，原来订好的套房（有单独浴室）中竟没有热水。为了此事，领队约见了旅馆经理。

领队：对不起，这么晚还把您从家里请来。但大家满身是汗，不洗洗澡怎么行呢？何况我们预定时说好供应热水的呀！这事只有请您来解决了。

经理：这事我也没有办法。锅炉工回家去了，他忘了放水，我已叫他们开了集体浴室，你们可以去洗。

领队：是的，我们大家可以到集体浴室去洗澡，不过话要讲清，套房一人50元一晚，是有单独浴室的。现在到集体浴室洗澡，那就等于降低到通铺水平，我们只能照通铺标准，每人降到15元付费了。

经理：那不行，那不行的！

领队：那只有供应套房浴室热水。

经理：我没有办法。

领队：您有办法！

经理：你说有什么办法？

领队：您有两个办法：一是把失职的锅炉工召回来；二是您可以给每个房间拎两桶热水。当然我会配合您劝大家耐心等待。

这次交涉的结果是，经理派人找回了锅炉工，40分钟，后每间套房的浴室都有了热水。

这位领队的谈判水平是令人佩服的。这里，针对对方始终拒绝的态度，他找出了对方言语间的漏洞：要么为他们提供热水，要么让收费降低到通铺水平，显然，后者是不可能的。然后，他便乘胜追击，提出了另外一条建议。而旅馆经理权衡之下，自然会选择前者。

其实，谈判过程本身就是一个让对方接受成交条件的过程。而要做到这一点，很多时候就必须推翻对方现在的观点和借口，对此，你需要做到以下几点。

1.摆事实

谈判中，若要否定对手已经出现的漏洞，就要让事实说话，事实充分就会使你言重如山。事实胜于雄辩，这种说服方法根本的一点就是唯实、唯事，尊重客观事实，用事实说话。运用事实进行说服最能打动人心，最能使人信服。如果从心理学的角度来分析，人们的心理趋向是求真、求实。只有真实的东西，才是人们最信任的。

2.亮底牌

谈判中，双方往往都有自己的底牌，但要让对手心服口服，你一定要沉得住气。有些时候你能清楚地感觉到事情正在越变越糟，此时你应该采取守势，退后一步，现在的情势不适合马上反击。不要在自己处于劣势的时候拼命地试图证明自己，不妨退后一步。记住，当你处在劣势的时候，不要急着马上反击，等一等，机会总会到来，那时你才能出奇制胜。

3.反攻法

通常情况下，人们的思维是有一定局限性的。“最危险的地方也就是最安全的地方”，正是这一道理的最好证明。当对方在撒谎或者使用策略来影响你的时候，他绝不会想到你会用此计再给他“下套子”。因此，我们从对方的思维空隙着眼，往往能攻其不备，也就能在积极探寻筑牢我们自己的心理防线的同时瓦解对方的心理防线。

谈判过程中，有时候，抓住对方的漏洞而小题大做或借题发挥，会给对方一个措手不及，但在使用这一心理策略时，我们一定要懂得隐藏自己，从而把握事情的大局！

第9章

恋爱蜜语赢得真心——几句贴心话让爱情更加甜蜜

有句诗云："金风玉露一相逢，便胜却人间无数。"这句话的含义是，有情人哪怕短暂地相聚，也会陶醉在一刻千金的巨大幸福之中，这是恋爱中的人的共同体会。而实际上，有情人要成眷属并享受到爱情的甜蜜，有"一点"是绝不可少的，这"一点"便是言语。因为，首先，爱是需要表达和传递的。如果没有言语，是很难达到这种体味柔情蜜意的巅峰的。实际上，爱恋，只有通过言语作为媒介，才能将两颗燃烧的心融为一体；也只有通过言语，才能使爱情迸射出耀眼的光彩。言语要如春风，吹拂悸动的心灵；要如细雨，滋润干渴的心田。唯有如此，才能使爱情之花开得鲜艳夺目，芬芳四溢。

要时不时对女人说几句甜言蜜语

都说恋爱是人生最美的季节，情话是世界上最动听的语言。有人说，任何一个女人都长着爱听甜言蜜语的耳朵，喜欢被异性赞扬，是女性的普遍心理。然而偏偏有些笨嘴拙舌的男士，眼巴巴地看着心上人，不是“爱你在心口难开”，就是词不达意，惹得心上人芳心不悦，以至亲手毁了一段美好姻缘。而那些会说甜言蜜语的男士，说话时能热情而不失稳重、真诚而不流于轻浮地表达爱意，即使被对方拒绝，也仍能以言示诚，让对方被自己的赤心所感动，重新回归自己的怀抱。可见，是否会说情话，是男士能否让女人倾心于自己的关键因素之一。

叶航与周倩倩经人介绍相处了近两个月时间。叶航对周倩倩非常满意，可是倩倩对叶航没有什么感觉，这使得叶航很苦恼。这一天，两人一起散步，经过一个工艺品店时，倩倩的目光被一个缀着金色小钥匙的手机链吸引住了。叶航见状马上掏钱买下来，并亲手替倩倩挂到了手机上。他一边挂一边说：“等咱俩结婚了，我给你买条纯金的换上。只要你喜欢，多少钱我都不会说个‘不’字的。”倩倩本来一脸笑意、满眼温柔地看着叶航摆弄那个可爱的小饰品，听了这句话后，却一下子皱起眉，眼中的柔情也被冷漠所取代。她伸手拿过手机，将刚刚挂好的手机链三下五除二解了下来，放进叶航手里。冷冷地说：“谢谢你，我不喜欢。我还有事，先走了。”然后便快步离开了。叶航无论如何也没想到，自己满心期待的热恋还没开始，就因为自己的一句话被冷处理了。

倩倩为什么会马上转变情绪，由一脸笑意变为冷漠呢？从心理角度看，女孩子天生有颗浪漫的心，尤其是恋爱中的女孩子，在她们眼里，再多的黄金也比不上爱人的一句贴心情话；再重的钻石也比不上与爱人的心心相印。倩倩喜欢手机链，只是单纯地喜欢它的小巧精致，而不是因为它具备黄金的颜色。刚开始，她一脸柔情，是因为叶航看出了她喜欢手机链的心思；而后来，她立马转变情绪，是因为叶航那番自以为会打动女孩的话。在叶航看来，这番话是发自肺腑的，并不是虚情假意，可是对听者来说，这番话不仅暴露出叶航庸俗而缺乏浪漫的一面，同时，他这么说，也误会了倩倩的意思。倩倩自然会产生这样的想法：叶航的心思与自己的想法风马牛不相及。尤其是叶航话里的意思，他居然以为自己是个拜金主义者，这无疑是对自己圣洁感情的玷污！因而，可以说，倩倩的愤而离开是叶航的那番话所产生的必然结果。

实际上，如果叶航能转换一种说法，或许会得到完全不同的结果。比如，他完全可以这样说：“我早就听人说，送给自己的爱人一条链形饰品，能将两颗心紧紧连在一起，心心相印，永不分离。感谢上天给了我这个机会，虽然手机链并不贵重，但这个金色的小钥匙，能打开你我的心锁，让我们通过手机互诉心声！这条手机链将成为我们爱情的信物，让我们的心越来越近，让我们的爱情越来越浓。”

如果叶航能这样说，即使以往倩倩对叶航毫无感觉，此刻也会被叶航的一番情话打动而倾心于他。因为在情人的耳朵里，任何甜言蜜语都恰如其分。

可能很多男士正为如何传递爱语而发愁，那么，怎样才能较好地向对方吐露心迹并成功打动对方呢？

1.从细节处赞美女性

有人说，恋爱中的女人都是美丽的，自古以来更是有“女为悦己者容”的说法。并且，恋爱中的女人尤其希望得到心仪男性的欣赏与赞扬。因此，那些不善言辞的男生，可以从细节赞美女人。比如，某天，当你发现对方更换了一种新发型时，一定不要错过这个赞美的机会，你可以对她说：“估计你的新发型又要掀起公司的一阵时尚潮了。”可能她的回答是：“是吗？怎么可能呢？”但她的心里此时肯定已经心花怒放了。

2.甜言蜜语不可失分寸

这里的分寸，指的是，男士在和心仪的女性说话的时候，要视和对方关系发展的深浅而定。宋代秦观说得好：“两情若是久长时，又岂在朝朝暮暮。”如果和女方交往不深，切不可直入主题，对对方说“嫁给我吧”之类的话，这些话会显得唐突，也会使自己陷入难堪的境地。在初次见面的时候，交谈用语要温柔谦虚，力避趾高气昂，唯我独尊。情态上，要表现得稳重、诚恳，切不要给人浮华不实的印象。初涉情场，过于亲昵、一览无余是要不得的，流露情爱应该含蓄、委婉、曲折些。

在生活中，尤其是对恋爱中的那些不善言辞的男士而言，不仅要有一颗解语的慧心，还要有一张能言、善言的巧嘴，能够用美妙、精当的口才畅述真心、表达真爱，从而演绎一幕“美言抱得美人归”的浪漫爱情剧！

用行动给对方安全感

语言是一门艺术，恋爱中语言的作用更为明显。如果我们懂得表达，可以使彼此感情来得很快，令彼此的心拉得很近；但是如果男女双方中的一位语言使用不当，就会造成彼此双方感情的疏远。

现代生活中，人们的示爱行为越来越由暗示性趋向直接的亲腻动作，而且男女的个性差异在一部分开放的女孩中似乎正在消失。据心理学家分析，爱情的来临使人带有比平时更强的非理性化。人的行为中，感情、动作的沟通往往比语言要快。这也使得人们对理想概念中的爱情产生一种质疑。而事实上，人们更倾心于爱的传统表达方式——语言。

恋爱中，双方关系能否取得突破，很多时候，要看我们如何表达爱。也有很多时候，在与爱情的遭遇战中，我们不是输在“不爱”，而是输在不知道“如何表达爱”。

生活中，我们发现有这样的情话对白：

“你爱我吗？”

对方的回答一般是：“爱。”

而接着，这个发问的人会继续追问：“那爱我哪里？”

“哪里都爱。”

这个回答似乎合情合理，但实际上，提问者会有一种被敷衍的感觉。有些人会说，爱一个人是没有理由的，实际上则不然，爱一个人会留心观察对方的包括恋爱中的每一个细节，至于那些“爱我哪里”的问题，你可以这样回答：“我最爱你的眼睛，每当我们在一起的时候，我都会注意你的眼睛，当你睫毛颤动的时候，我的心也随之跳动。”或者：“我爱你身上那股忧郁的气质，当初，就是这股气质吸引了我，让我不可自拔地爱上你。”相信这样的回答定会使对方心里充满安全感。可见，爱表达得越真实、越细腻，也就越能让对方信任，对方也就越有安全感。

那么，恋爱中的男女，该怎样把爱表达得更真实呢？

1.坦率表达

这种表达爱的方式十分简明、直率、不虚伪造作、大胆，毫无保留地向对方倾吐自己的感情，宛如那潺潺的小溪，潺潺而流，是属于一种单刀直入、直接挑明的方式。这种表达爱的方式固然直接，但显得真实、可爱。

一般而言，对性情直率、表达思想感情喜欢开门见山的人宜用此法。

显然，对于几经磨难或交往比较深、有一定感情基础，或两个人已经暗地互相倾慕、只须“捅破那层纸”的双方来说，坦率地直抒胸臆、表达爱情不但省力，而且别有一番风味。电影《锦上添花》里的铁英，在对段志高表示情意时，一点也不拐弯抹角：“痛痛快快地说吧，你喜欢不喜欢我们这个地方，喜欢不喜欢我们这儿的人，喜欢不喜欢我？我就喜欢你！”

列宁的求爱也是直截了当。列宁向克鲁普斯卡娅求爱时就直截了当地说：“请你做我的妻子吧！”而一直爱慕列宁的克鲁普斯卡娅回答得也很干脆：“有什么办法呢，那就做你的妻子吧！”列宁的求爱言语简明扼要，感情诚挚，给人以难以抗拒的力量。

2.悬念告知

当感情发展到一定程度，就应该抓住时机，向你的心上人表达爱意。有些恋人为了避免直露的生硬，常常巧妙地动用智能的机敏，使得表达爱的方式新颖别致、真实。

马克思年轻的时候向燕妮表白爱情的方式就是一个成功的典范。在一次约会中，卡尔显得满脸愁云，他说：“燕妮，我已经爱上了一个姑娘，决定向她表白爱情，不知她同意不同意。”燕妮一直暗恋着马克思，此时不禁大吃一惊：“你真的爱她吗？”“是的，我爱她，我们相识已经很久了。”马克思接着说：“她是我碰到的姑娘中最好的一个，我从心底里爱她！这里还有她的照片，你愿意看吗？”说着递给燕妮一个精致的小木匣。燕妮接过它，用颤抖的手打开后，立刻惊呆了。原来里面放着一面镜子，“照片”就是她自己！即刻，一股热流涌上心头，沉浸在幸福和甜蜜之中的燕妮猛扑向马克思的怀抱。

这里，马克思既作了聪明的试探，制造紧张气氛，让深爱着他的燕妮在惊讶中误以为他另有所爱，在这过程中他察觉到燕妮的痛楚、失落的表情，又及时诱导她揭开悬念，原来匣子中的照片就是她自己，马克思明确地表达了爱意。事后，这位最富有牺牲精神的夫人每当回忆这件事时，便会产生甜美而富有想象趣味的情思。

这就是制造悬念求爱法：先制造一个悬念，有意让对方误以为自己爱上了别人，给对方造成一种欲爱不成、欲割难舍的状态，“引诱”对方一步步“上当”，然后，突然使对方恍然大悟，实现爱的转折，出现先惊后喜的心理效果。

3.借物暗示

心中有情而欲结良缘，又怕对方不答应，可以采用暗示法，这样，既不必担心开罪对方，又可以收到知其心意的效果。

小伙俊与姑娘兰互有好感，俊性格外向，兰内秀少言。俊虽已感到兰有意于自己，但又见兰常沉默无语，有时他说一些开心的事，兰往往仅淡然一笑，弄得俊心里直犯嘀咕。一次，月上柳梢头，他们人约黄昏后。俊欲探兰的心里到底有何想法，便对兰说：“我有一枝红玫瑰，不知该送给谁。”兰望着圆月，有些心不在焉地说：“你爱送谁是你的自由。”俊见状，觉得兰似有拒绝之意，便说：“我想送给一个人，但又怕人家不赏脸。”兰说：“也不一定，你可以试一试。”俊见有希望，便说：“我怕一试，人家不要，我会很伤心。我有个预感，人家对我不满意。”兰说：“也许人家满意而你没有勇气。”“那我就把玫瑰送给你，你愿意接受吗？”兰见状，微笑着说：“那要看你心诚不诚。”至此，俊完全明白了——兰已接受了他的爱。他高兴得跳了起来。

俊用“送你一支红玫瑰”这种借物暗示法，避开了话锋，在试探中测出兰对他的爱。这一席对话，可谓步步深入，凭借玫瑰，运用暗示语，撩开了爱情的面纱，令两人在含蓄中品尝着爱情的果实，那甜美的滋味浸润着心田。

总之，我们在用语言表达爱的时候，表达方式越特别、越真实，越能给对方心理上的安全感，我们的爱情也就越有保障！

巧妙回答敏感问题

恋爱中，人们为了证明爱情的可靠，通常会问爱人一些敏感的问题，比如，一个男士因为贫穷而害怕失去自己心爱的女孩，他会问："如果给你5000万元，条件是离开你的爱人，你会同意吗？为什么？"如果这位女士的回答是："肯定会离开呀，这么多钱！"那么，这位男士必将伤心不已。再比如，尚未确定恋爱关系的一对男女，这位男士想更多地了解这位女士，他会问："你最希望从朋友（包括爱人）那里得到的是什么？"如果这位女士回答："我希望我未来的丈夫能有车有房。"那么，估计这位男士会认为，这位女士是冲着自己的钱来的，再谈下去已无必要。恋爱中，我们经常会遇到诸如此类的敏感问题。此时，如果我们的回答能让对方满意，消除其顾忌，那么，对于双方感情的增进是有帮助的。而假如我们不善言辞，那么，原本关系发展良好的两个人可能会因此产生心灵的隔阂。

在罗马尼亚农村，未婚女婿的口才显得至关重要。这里，小伙子首次去姑娘家时，礼品是不用带的，但跨入门槛前，必须先从容地朗诵一首古诗，还要接受未来岳父提出的五花八门的考验，若不能对答如流，往往领不到"入场券"。有幸通过第一场"考试"的小伙子，刚跨进正门，就有一位满脸皱纹、干瘪奇丑的老妇对他微笑致意，姑娘的父亲揶揄地问：

“你找的可是她？”小伙子必须在一阵哄笑声中镇定地回答。假若他发窘语塞，其命运就会“凶多吉少”。接着，未来的岳父一次又一次地将邻村媳妇，甚至一只花猫“请”到座椅上，并连连发问：“这才是你的心上人，对吗？”小伙子必须在嘻笑声中脸不红、心不跳，神色自如地描述心爱的姑娘的容貌、身材、脾气、性格，一直说到大家满意，小伙子真正要找的美丽姑娘才会羞答答地被唤出来，他的婚事才算有了着落。

一个小伙为了娶到自己心爱的姑娘，需要经受这么多的“盘查”，而只有他的回答让众人满意，他的婚事才有着落。同样，在爱情的世界里，我们要经常面对各种各样的考验，当然，现实生活中，我们要想让对方消除顾忌和疑虑，从而获得爱情，所作的回答只需要让对方满意即可。

那么，在遇到这些敏感话题的时候，我们该怎样回答呢？

1.领悟问题的含义，避免唱“独角戏”

一位个性内向害羞的年轻人，暗恋一位女同事很久了，可是一直不敢表态。后来这位女同事跳槽到另外一个公司了，临走的时候，给这位年轻人留了一封信。年轻人打开一看，信封里面只有一张用笔戳破了一个洞的白纸。年轻人一下子泄了气，想：“她是叫我看破，不必太认真。”

后来，年轻人失落了很长一段时间，才让自己的心情慢慢地平复。两年之后，这位年轻人接到了那位女同事的电话，邀请他去参加自己的婚礼喜宴。在电话中女同事说：“有一件事我想问你，你看过当年我留给你的信了吗？”年轻人叹口气回答：“看过了。”女同事问：“那你为什么没有再和我联系？”“你不是让我看破吗？所以……”没等他说完，女同事气恼地说：“哪里是要你看破，我是要你突破！”

在这里，我们发现，这位年轻人之所以会失去这一段爱情，就是因为他没有正确理解女同事的意思，造成了误解。这就是“唱独角戏”带来的后果。也就是说，在面临对方的一些敏感问题时，首先，我们要正确理解对方的意思，不要急于表态。否则，就容易出现文不对意的结果。尤其是在说话的时候，即使你有出类拔萃的口才，也不要在约会时唱“独角戏”。恋爱是“谈”出来的，你一个人说，恋爱怎么会成功呢？只有双方你来我往、你言我语，感情才会更进一步。

2.委婉表达

英国哲学家培根说：“交谈时的含蓄和得体，比口若悬河更可贵。”两性相恋，两情相爱，语言交谈是表达感情的重要方式，它直接反映着爱情的格调、品位，关系到爱的生存和死亡。每个人的性格气质、修养、身份、经历的不同，因此也就有了不同的交谈特点，或诙谐幽默，或直白平实；或坦诚坦率，或含蓄委婉。过分的亲昵，肉麻的表白，反而显得缺乏修养，有时候山盟海誓更会让人感到缺乏真情。

这一表达方式同样适用于那些敏感的问题，比如，对方希望从你口中获知你对他的态度，此时，如果你直接说 “我愿意”，则显得太过袒露，而如果你回答 “以后你负责洗碗还是做饭”，对方则会立刻了解你的态度。同样，如果是拒绝，委婉的语言也更容易被接受。电影《归心似箭》中，玉贞爱上了魏得胜，她并没说“我爱你”，而是向正在为她挑水的他说：“挑吧，我要你给我挑一辈子！”《白莲花》中红军团长肖列向白莲花表白爱情时说：“我希望的是你和枪一起到红军中来。”一语双关，含而不露。

可见，人们在谈恋爱的时候，如果能巧妙地掌握和动用 “婉言”这一绝妙的交谈方式，情窦深处就会充满温煦的阳光。“曲径通幽处，禅房花木深”，通过那弯曲的小道，去寻求幽静高雅、花木葱茏的爱情胜境。尤其是初恋男女，彼此间的心灵尚未彻底沟通，各自都在揣摩对方的心理，品味对方的性格，甚至在衡量对方与他人的优劣长短。他们会提出各种敏感的问题，此时，只有用婉言才能更巧妙、更有效地打动对方的心，拨响爱的琴弦，提高恋爱的成功率；也只有用婉言，才能在各种不同场合、环境下，产生美妙奇异的爱情。

“哪个男子不钟情，哪个少女不怀春”，爱情似一杯美酒，有醉人的醇香，也有恼人的苦涩。总之，处在谈情说爱季节里的年轻人们，不要因为自己不会“谈”、不善“谈”而把爱情变成一杯苦酒，面对那些敏感的问题，要巧妙回答，然后把这些恋爱中的问题当成加深彼此感情的催化剂！

偶尔吃醋，给爱情升温

为了证明自己和情人爱得有多深，有些人会仿效某些模范夫妻，抓紧每个当众表现亲热的机会，来表示情人有多爱自己；也有些人选择反证，借刺激对方的醋意，来衡量爱情的深度——对方越容易为自己吃醋，便表示对方愈爱自己。后面这一方法被人们屡试不爽。可见，我们要想向对方表明爱意的话，可以说些暗示的“醋话”。

对于那些恋爱中的男女来说，都有这样的心理，那就是一旦存在了竞争者或者情感的威胁者，他们便会立即采取措施，言语反击就是一个重要方面。比如，我们可以发现，生活中，很多男孩会对自己心爱的女孩说：“为什么你身边总是有一些怀有不良动机的人呢？我会替你赶走他们的。”乍看，这句话似乎很平常，但实际上，则是这位男孩的“醋话”，聪明的女孩儿一般都能听出个中含义。如果这位女孩也喜欢这个男孩，在听到这些话后，她自然会和其他男孩保持距离；而如果她对男孩并不在意，则只会一笑了之。

在恋爱的过程中，很多人都曾采取类似的方法向心爱的人表明心迹。

贝贝与小鹏从大学就开始恋爱了，贝贝是学校的校花，追求的人自然不少，直到毕业后，那些追求者仍然不死心。其实，贝贝也知道，小鹏是爱自己的，但有时候小鹏就像个榆木疙瘩，连句情话都不会说。于是贝贝想出个办法，她对小鹏说："我今天有个约会，是大学那个王志，今天下班后你不用等我了，自己回家吧。"

小鹏一听，心里急了，但又不知道说什么，只好点了点头。而下班后，小鹏却尾随贝贝到了约会地点。突然，小鹏看见那个王志想对贝贝动手动脚，这时，他冲上前去，对王志说："我跟你说，贝贝是我女朋友，这辈子，她都是我的人，你休想打她主意。"小鹏一副想打人的架势，王志一看目的达到了，也就灰溜溜地走了。而此时的小鹏一把把贝贝拥入怀中，对她说："以后任何男人的约会你都别去，我会对你好一辈子！"这时的贝贝心里已经乐开了花。

这个爱情故事中，女孩贝贝为了证明男朋友爱自己，她采取了试探法，使男孩小鹏的醋意被激发出来。虽然是个小小的谎言，却帮助自己和恋人都吃了一颗定心丸。

在我国，男女青年热恋，一般较少像西方国家那样，十分明确地告诉对方"我爱你"。这种方法虽直截了当，却由于戳破了那层纸，即刻便因失去了神秘感而索然无味。因而，国人示爱多采用话不挑明的方法，让对方在焦急中意会。而以"醋话"作暗示，也成了人们挑破关系的一个重要方法。

秋燕与栓宝热恋时对他说："我想给你找个做饭的。"栓保说："她长个啥模样？"秋燕说："她的模样长得和我一个样。"栓保问："那她叫个啥嘛？"秋燕红着脸："她的名字…… 名字……我先不告诉你。"栓保说："反正到了那一天……"秋燕说："那一天到底是哪一天嘛？"栓保说："那一天就是那一天。"

这种示爱方式正是运用醋意来达到目的的，也的确十分特别。秋燕故意佯作媒人，以红娘的身份作掩护，如此，她便能较自由地透露自己的心迹，又避免了樱桃好吃口难开的羞涩；同时给对方留下了悬念，让栓宝意会其情。而正因为秋燕运用了悬想意会之言语，才使得他们在恍惚迷离中沉浸于一种神秘而又甘甜的意趣中。如果一语道破，反倒会产生一种失落感。

的确，恋爱中，恋爱双方谁也不愿最先捅破那层纸，痛快淋漓地表露心迹。有许多本可成为美满姻缘的恋人，往往会在这种僵持中丧失勇气，丢掉大好时机。而巧用“醋话”这种暗示的方法则成了人们避免羞怯的一个好选择。

那么，我们如何利用这一心理策略向对方暗示爱意呢？

1.因人而异，注意“醋话”的度

曾经有人这样说：每个人都是一个独立的容器，容器的体积有别，容量自然不同。当一个茶杯碰上一个水杯，即使茶杯已倾尽所能，水杯还是觉得不够；相反，水杯却能轻易将茶杯斟满。只有两个体积相似的容器遇上，才能各得其所。也就是说，不是每一个人都愿意接受你的“醋话”的暗示，当然，这需要我们自己把握。

另外，正如每个人对酸性食物有不同的反应，有些人喜欢吃面时多加醋，只因想调起些味道，有些人加了一点就感到酸溜溜，只因是牙齿过敏。同一道理，相同的一件事，在别人身上能增添几分情趣，在对方的内心却是倒海翻江。

比如，你们之间的关系本就比较敏感，你过重的醋话，可能会对导致对方自信不足，也可能让其成了惊弓之鸟……

2.因时而异，别让对方会错意

也就是说，双方关系深浅不同时，对于这种“醋话”的暗示，也是有不同要求的。如果彼此关系不深，我们应该注意调节“个体空间”距离，不要说些“醋意”很浓的话，不然就会引起对方的反感，特别是女子，会给人以轻浮之感。男方如这样，则会被对方看作纨绔子弟。

同时，我们要注意说话的氛围，说话时要放松情绪、调节气氛，消除双方因过多顾虑而带来的过于谨慎的言谈，这是非常必要的。约会时的“冷场”，往往会给双方带来较为严重的负面心理积淀。这种负面心理会化作一种沮丧、退缩的行为，从而进一步影响双方在以后约会中的语言表达能力。

总之，如果我们能掌握好利用醋话来暗示这一爱情心理策略，就能给心爱的人吃一颗定心丸，这对于双方关系的促进是极有帮助的！

规划一个有对方参与的未来图景

恋爱双方，欲谈吐入机、渐入佳境，达到两情依依的目的，必然要谈及未来。人们常说的海誓山盟就是对未来的承诺。但实际上，任何人、任何事都处于不断的变化之中，“爱你一万年”的承诺显得那么无力。俄国作家契诃夫有句妙言：“十八岁的姑娘要你的一切，但什么都不愿意给你；三十岁的姑娘什么都愿意给你，但只要你的一片真情。”这就是说，随着时间、条件的变异，人的心理、情感也会变化。而事实上，每个恋爱中的人都需要承诺，因为只有有未来的爱才是真实的。同时，爱情的世界也必须有面包、牛奶，而不是柏拉图式的。任何两个相爱的人经过一段时间的了解后，势必会谈到结婚、生活等方面。如果一个男孩对他心爱的女孩说：“我可给不了你未来，我不喜欢结婚。”，那么即使这个女孩再喜欢这个男孩，估计她也会“扬长而去”。

那么，恋爱中的人们该怎样对恋人巧谈未来，从而让对方对彼此间的爱情产生更多的信心呢？

1.宣誓法

通常来说，在情感特点上，女子更含蓄些，表现出娇嗔、自尊，但又带有过于羞涩、执拗的弱点。男子则显得外露、炽热、感情奔放。所以一般来说，男孩为了获得女孩的芳心和信任，都会在爱情渐入佳境时对女孩宣誓。但也有一些情感热烈的女孩，她们性格大方，也会向心上人作出爱情的承诺。

丽丽与黎明从小一起长大，可谓青梅竹马，两小无猜。随着他们慢慢长大，心虽相知，表面却似有了距离。原因是黎明家穷，丽丽的父母不愿他们相好，怕女儿受苦。黎明知情，自感愧怍，埋藏了心中的爱情之火，丽丽多次约黎明，他都借故推托。黎明心想，我们虽都有了爱慕之心，但并未相互挑明，为了不耽搁丽丽的前程，还是永远不挑明的好。当丽丽的父母要为她找对象时，丽丽决心无论如何都要跟黎明认真谈一谈。这天，她终于堵住了黎明，刚要挑明话题，黎明就要离开。丽丽知道黎明的想法，便对黎明说：“我看了一首诗，觉得很好，但又不完全理解，想叫你给我讲讲。”黎明问她是什么诗，于是丽丽取笔写下：“上邪，我欲与君相知，长命无绝衰，山无陵，江水为竭，冬雷阵阵，夏雨雪，天地合，乃敢与君绝！”黎明一看，沉默一阵说：“东风恶，欢情薄。”丽丽知道这是陆游的词句，是说家人是他们爱情的障碍，便说：“我读不懂的诗，就是我的誓言，陆游与唐婉的故事不会重演。”黎明默默地点头，他们在苦涩的泪水中拥抱。

丽丽在黎明不敢正视现实、回避爱情之时，巧用古诗质疑，表露心迹，让黎明知晓她对爱情的坚贞不二，避免了有情人各奔东西的结局。

2.不要对爱人唱“我只在乎你”

《东京爱情故事》中完治对莉香说：让我来背负你的未来，太沉重了。莉香伤心之至，一个巴掌扇过去。她太爱完治，拼命想留在他身边，最后却只能远走他乡，不带走一片云彩。

的确，任何人都不能承担另外一个人的未来，即使这两个人再相爱，因此，我们在和爱人谈未来的时候，不要说 “如果没有你，我会活不下去”或者“你离开我，我就去死”之类的话。即使谈婚论嫁，爱情也应该保持一定的温度和距离，双方才能如沐春风。像杜梅那样拿菜刀逼方言说我爱你的行为，得到的只能是愤然反抗。还是李敖说得好，只爱一点点。为此，即使要给对方关于爱情的信心，我们也要注意以下几个方面。

①永远不说多爱你。卡斯特罗有句真知灼见：女人永远不要让男人知道她爱他，他会因此而自大。

②尽量不要在经济上有纠葛。金钱是个敏感的话题，恋爱男女一涉及现实利益马上翻脸的例子不在少数。感情归感情，金钱归金钱，还是应该泾渭分明，免得赔了夫人又折兵。

③不要逼婚。太爱一个人就会想要天长地久，这时候就渴望起世俗婚姻了。很多女孩喜欢一个劲儿在男友面前提婚纱啊买房啊，把结婚的渴望明明白白地挂在脸上。如果对方想结婚，不用你暗示他也会去买戒指；反之，你的渴望会吓跑他。

④不要天天厮守。爱情的生命力是有限的，要让爱情寿命长一点，就要保持一个适当的距离。如果有了肌肤之亲，千万别摆出一副非你莫嫁的样子。

⑤对方永远只是一部分。三毛曾经说，我的心有很多房间，荷西也只是进来坐一坐。要有自己的社交圈子，别一谈恋爱就原地蒸发，和所有的朋友都断了往来，这只会让你的生活越来越狭窄。

邓丽君有首歌《我只在乎你》，这首歌不要随便去对爱人唱，就算对方刚开始很感动，渐渐地也会觉得压抑，说不定还会苦口婆心地劝你说我有什么好的、不值得你这样。

总之，我们在和爱人谈及未来的时候，要给足对方爱情的保证，但凡事有度，说话也是。“一年之内我会成为千万富翁，给你最豪华的生活”这样的大话自然是不可说的，“我不能没有你”这样的话也会让对方窒息。在未来的问题上，我们只有把话说得真实、情感真挚，才能让对方领会我们的爱！

女人要学会说“软话”

有人说，温柔是女人征服男人最有力的武器，这句话是有道理的。男人纵然是钢筋铁骨，听到了女人的柔声细语，即便只是一声低唤、一阵呢喃，也会心甘情愿地陷落自己的城池，醉倒在女人温柔的声音里，不愿醒来。

而如今社会，在现实生活中，精明干练的“女强人”已经充斥在我们的周围，她们无论在事业上还是生活中，都与男人们颠倒了角色。她们对于爱情的口号则是“自由、民主”，她们把恋爱当演讲台，对男性颐指气使，甚至说话的时候喜欢大放厥词。而事实上，这样的女人真的得到了爱情的幸福吗？实际情况是，这些女人虽然职场得意，但在情场，很多则以失意告终。原因很简单，她们太过强势。男人们振臂高呼：我们要女人味十足的女人！什么是女人味？有男人说，话语温柔的女人才有女人味。

事实上，女人较之于男人，感情更为细腻、敏感，这也正是女性吸引男性的地方之一。所以，女人一定要懂得服软，学会说些“软话”，并要善于运用你的表情和语调，来增强说服男性的效果。

那时候，刘明在家乡的一个地产公司上班，负责一些行政工作。在他进公司后的半年，他对面那个空位上突然出现了一个女孩：她长得算不上漂亮，皮肤甚至有点黑，眼睛也不大，但很文静。她是刘明的新同事，尽管刘明抬头就能看到她，但是两人说话并不多。

午休的时候，同事们经常凑在一起聊天，她有时也会参与其中，说得不多，却总是一脸认真。刘明则坐在一旁，有时说上三言两语，品评人物与时事，以及一些文学作品，每次都发现她很小心地听，眼睛盯着他，那眼神似乎有点复杂，说不清，但刘明确定她有一点儿崇拜他，这让他有点暗自高兴。

有一天下班了，她怯生生地问刘明一个案子的策划问题，声音细细的、柔柔的，刘明心想她的声音真好听，像音乐一样……正想着，忽然又听她说："是不太方便吗？要不就算了。"听到这儿，刘明才回过神来，忙答应道："没什么不方便啊，你先等会儿，我先看看关于这案子的资料。"她如释重负。

后来，刘明因为家里关系辞职去了北京，他和这个姑娘几乎没怎么联系，只是偶尔发发短信。但刘明从没忘记这个声音甜美的女孩。非典那年，刘明突然给她打电话，说他回来了。她惊喜得声音都变了："你真的回来了！我要见你！"刘明犹豫了一下，答应了。那时候，各地把"非典"之可怕传得耸人听闻，他刚从北京回来，除了家人，所有人对他都避而不见。

见面时，刘明问她："你不怕我身上有病菌传染你？"她柔声道："怕。但你回来了，我想见你。"刘明心里很感动，他明白她的心思。他们并肩散步，过马路的时候，忽然来了一辆车，他揽过她的肩，把她让到了另一边。她只是看了看他，没有说话，但她的眼神里多了一丝甜蜜和喜悦。

然后，刘明大胆地牵了她的手，她要挣脱，但是刘明抓得更紧了。刘明就这样一直拉着她的手，再没有松开，直到她嫁给他，成为他的妻子。

“柔情似水，佳期如梦。”多么迷人的爱情故事。对男人来说，温柔是酒，只饮一滴，就可回味一生。作为女人，你可以没有迷人的脸庞，可以没有苗条的身材，但你必须懂得温柔，懂得向男人说软话。如果你坚持维护所谓的尊严，害怕失去自己在男人心目中的地位，继而抛弃温柔，对男人颐指气使，动辄大声呵斥，显示出女性最粗糙的一面，那么，只能让心仪的爱情离你而去。要知道，一纸婚约无法永远守住一颗心，也没有哪份爱情会长久常新，婚姻本来就是鲜花灿烂后的落英满地，走向平淡无味是必然的。但婚姻是可以经营的，只要用心。而你温柔的细语就是维护婚姻最有力的武器，就像一只纤纤细手，只须轻轻一扶，再强悍的男人也会被征服的。

那么，爱情中，女人该怎样说软话呢?

1.女人也可以主动示爱

女孩似乎总是被动的、害羞的，即便遇到自己心仪的男生，也不敢大胆表达。甚至有些女孩认为，作为一个女孩，自己不能主动示爱，否则就是失去了尊严。而你想过没？如果因为你所谓的尊严而错失一生的幸福，那该是多么遗憾。如果你爱他，不妨大胆地说出来吧。事实上，并不是所有男人都敢于主动追求女孩，他虽然外表高大，却很可能是一个保守而又内向的人。也许，他在心里对你暗暗喜欢，却不敢表达。如果你喜欢上了这样一个内向的男孩，那么，不要沉默，不要使得一份美丽的恋情没有开始的理由，大胆开口，让他知道你的心里话。人们说 “女追男隔层纱”，懂得先服软，也许就能收获一份真挚的爱情。

2.懂得示弱，让男人充当保护者的角色

比如，当你在工作中或是生活上遇到了不能解决的问题时，你便可以让男性来解决，对此，你可以这样说："我听说你在这方面很在行，你可不可以帮我看看，我这份策划还有什么不完美的地方？"在这样的你来我往与交流中，很容易碰撞出爱情的火花。

3.说话要给男人面子

在和男人说话的时候，有些女人像吃了"枪药"似的伤人，丝毫不给男人面子。这样的女人怎么能得到男人的爱恋呢？

一位学生物学的女孩和一位中文系的男生相恋了。两人漫步在林荫道上，小伙子兴致勃勃地念了两句诗："春蚕到死丝方尽，蜡炬成灰泪始干。"他得意之时，姑娘却冷冰冰地说："真可笑！春蚕吐丝作成茧，变成蛹后飞出蛾，它怎么死了呢？"小伙子顿时不快，回敬道："这是古诗，是李商隐的绝作！""那李诗人也是无知。"两人论战得不分上下，最后不欢而散，分道而行。

本来，小伙子吟诗是信手拈来，略带转文之意。而女孩却不分语言环境和情绪气氛，语言傲慢且偏激，似是讥讽男友，大大地伤了男孩的自尊心和感情。

可见，女人在说话的时候，有些话切莫直说，把话说软些，自然中听得多。

总之，作为女人，不要在男人面前显示你的强势，甚至大声地斥责他。学会说"软话"，他自会乖乖成为你的俘虏。正像一位诗人所说的，"女性向男性'进攻'，温柔常常是最有效的常规武器"。

第 10 章

社交沟通占尽上风——揣摩人心轻松应酬

在人这一生中，我们需要通过正常的人际交往与这个社会保持联系。健康正常的互访活动，对于建立、加深这种联系，交流信息，沟通感情，都有着其他方式所不可替代的作用。而语言的交流与运用，又在拜访活动中起着至关重要的作用，因此我们应当给予足够重视。实际上，任何一个交际高手都善于揣摩他人的心理，因此，成功的语言交流都必须以对方的心理为出发点，任何应酬语言也只有说到对方心坎里才能起到积极、有效的作用。

生活中必不可少的客套话

中国是一个有着悠久历史的国家，是一个礼仪之邦。从心理学的角度看，人们都喜欢与知晓礼数的人交谈。而会不会说客套话是一个人懂不懂礼数的重要表现，更是一个人社交能力强弱的体现，可以说，客套话是敲开陌生人心里大门的一把钥匙。与人见面之初，双方往往可能陷入无话可说的尴尬场面。这时你不妨以一些“客套话”开头，比如：“天气似乎热了点！”或者：“最近忙些什么呢？”虽然这些“场面话”大部分并不重要，然而，正是这些话才使彼此免于尴尬的沉默。

在古典名著《红楼梦》中，就有许多经典的场面话。在《刘姥姥进大观园》一回中，刘姥姥找到周瑞的娘子时，两人就用了许多场面话来进行寒暄。

周瑞娘子迎出来问：“是哪位？”刘姥姥忙迎上来问道：“好呀，周嫂子！”周瑞娘子认了半天，方笑道：“刘姥姥，你好呀！你说说才几年呀，我就忘了。请家里来坐吧。”刘姥姥边走边笑道：“你老是贵人多忘事，哪里还记得我们呢。”来至房中，周瑞娘子命小丫头倒上茶来吃，再问些别后闲话后，又问刘姥姥：“今日是路过，还是特来的？”刘姥姥便说：“原是特来瞧瞧嫂子你，二则也请请姑太太的安。若可以领我见一见更好；若不能，便借嫂子转达致意罢了。”

在这段对话中，刘姥姥与周瑞娘子说的大部分都是客套话。刘姥姥这一番场面话，让周瑞娘子觉得，刘姥姥虽然是个出身寒酸的人，但还是很懂礼数的；而同时，刘姥姥也化解了自己寒酸的身份。之后双方再聊起正题就显得亲切许多，自然，周瑞娘子也会给刘姥姥一个见主子的机会。一些本来不好开口的话，经过场面话的客套之后，听起来就舒服多了。因此，在交际过程中，一定要重视客套话的作用，特别是当你与陌生人或不熟悉的人交往时，场面话无疑是打破距离障碍的第一把钥匙。

在交际过程中，适当地使用客套话、场面话和寒暄语，可以消除陌生心理，促成彼此间的良好交往，正如培根说过的：“得体的客套和美好的仪容，都是交际艺术中不可缺少的。”所以，会交际的人应当像司机精通交通规则一样，熟悉和掌握好各种客套话。

一般来说，“客套话”有以下几种。

1.当面称赞人的话

诸如称赞小孩子可爱聪明，称赞女士的衣服大方漂亮，称赞某人教子有方……这种场面话所说的有的是实情，有的则与事实有相当的差距，虽然听起来、说起来“恶心”，但只要不太离谱，听的人十之八九都会感到高兴，而且旁人越多他越高兴。因为事实上每个人都愿意听赞美的话，尤其是公开化赞美的话，对方接受起来也更乐意。

2.当面答应人的话

和陌生人交往时，如果对方希望你帮什么忙，即使你帮不上忙，也不能当面拒绝。否则会令场面很难堪，而且会当场得罪人。你可以说一些场面话，诸如“我全力帮忙”“有什么问题尽管来找我”等。给足对方面子，不至于让他下不来台，他也会觉得你是个顾全大局的人。

另外，我们要记住一些特定场合下有针对性的客套话。比如，在打扰别人或者给对方添麻烦时，要真诚地说一声“对不起”“不好意思”，若没有了这句话，对方可能很长时间还对此事耿耿于怀；在求人办事后，要真诚地说声“谢谢”“拜托您了”，如果没有这句客套话，对方会认为你求人的态度不够真诚或者认为你不懂礼节，对你的印象大打折扣；在作报告或者讲话时，可以先客套一下，“我的讲话水平不高，讲得不好，还请大家见谅”“如果讲得不好，还望大家多多指正”……这类客套话表面上看似是随口而出，实际上确实起到了表现自身涵养的作用。

下面是一些特定场合的客套话。

（1）初次见面说“久仰”，久别再见说“久违”。

（2）未及欢迎说“失迎”，起身告别说“告辞”。

（3）等候宾客说“恭候”，客人到来说“光临”。

（4）看望他人说“拜访”，请人勿送说“留步”。

（5）请人办事说“拜托”，盼人指点说“赐教”。

（6）求人帮忙说“劳驾”，请人解答说“请教”。

（7）求人方便说“借光”，麻烦别人说“打扰”。

（8）陪伴朋友说“奉陪”，中途告辞说“失陪”。

（9）向人祝贺说“恭喜”，赞赏他人说“高见”。

在与陌生人说话的时候，我们需要掌握一些“客套话”的说法，在三言两语之间，轻松地让对方为我们打开心门！

千百年来，人们在与人打交道的时候，都有一套约定俗成的套路，这其中也包括客套话。所谓“客套话”，顾名思义，就是为表示客气所说的话。尤其对于领导者来说，无论在工作还是生活中，都免不了要与各种各样的人接触，因此，学会客套就显得尤为重要。

学会用幽默话语打圆场

生活中，我们与人初次交往时，都希望双方的交谈能在轻松愉快的氛围中进行，使每个人都身心愉悦，并希望随着交谈的深入，双方的关系能进一步加深。但实际上，人们在处理人际关系的时候，也会因经验或能力的不足而面临尴尬的局面，或与客户争吵，或被上司批评，或被同级嘲笑等。此时，如果我们能巧妙地打圆场，帮彼此找到一个台阶，以摆脱难堪的局面，那么，对方一定会对我们产生好感，这将有利于交谈的进一步进行。

老诗人严阵和一位青年女作家访问美国，在一所博物馆的广场散步时，恰巧有两位美国老人在旁休息，看见中国人来，他们很热情地迎上来交谈。其中一位老人为表达对中国人的感情，热烈地拥抱了那位女作家，并亲吻了一下，女作家十分尴尬，不知所措。另一位老人抱怨那老人说，中国人不习惯这样，那拥抱过女作家的老人像犯了错误似的呆立一旁。老诗人严阵赶快上前微笑着说：“尊敬的老先生，你刚才吻的不是这位女士，而是中国，对吗？”那老人马上笑道：“对，对！我吻的是中国！”尴尬气氛在笑声中烟消云散了。

老诗人严阵的一句打圆场的话，解除了因错误亲吻而带来的尴尬。而从这个犯错的外国老人的角度看，他一定也从心里感激严阵给他的这个台阶。所谓打圆场，是指交际双方争吵或处于尴尬处境时，由第三者出面进行调解的一种方法。打圆场运用得好，有利于打破僵局、解决问题，还可以融洽气氛、消除误会、缓和矛盾、平息争端、联络感情。

可见，交际中遇到尴尬的场面时，做到审时度势，准确把握双方的心理，然后运用说话技巧，借助恰到好处的话语及时出面打圆场，化解尴尬，维护交际活动的正常进行，显得十分重要和宝贵，也确实是十分必要和值得重视的。那么，我们在交际中，怎样才能不失时机地打好圆场呢？

1.找个借口，给对方台阶下

人们之所以会在交际场合陷入尴尬境地，是因为他们在某种些场合做了不合时宜的事，说了不合情理的话等，而要打破这一僵局，可以从人们不容易看到的方面、就这些有悖常理的话和行为作出另一番解释，以证明他们的行为和语言是合理的、无可厚非的。这样一来，对方的尴尬就解除了，正常的人际交往也能得以继续下去了。而我们在无形中也多交了一个朋友。

2.侧面点拨

侧面点拨即不直言相告，而是从侧面委婉地点拨对方，使其明白你的不满，令其打消失当的念头。这一技巧通常借助于问句的形式表达出来。

小李与小王是一对好朋友，彼此都视对方为知己。有一次，本单位的青年小张对小李说："小李，我总觉得小王这小子为人有点太认真了，简直到了顽固的地步，你说是不是？"小李一听小张的话顿生反感，心想：你这小子在背地里贬损我的好朋友缺德不缺德？但他又不好发作，于是假装一本正经地说："小张，我先问你，我在背后和你议论我的好朋友，他要是知道了会不会和我反目为仇？"小张一听这话，脸"唰"地一红，不吭声了。

这里，小李就使用了委婉点拨的技巧。面对小张的发问，他没有直接回答"是"还是"不是"，而是话题一转，给对方出了个难题，而这个难题又正好能起到点拨对方的作用，既暗示了"小王是我的好朋友，我是不会和你合伙议论他的"，又隐含了对小张背后议论、贬损小王的不满。同时，由于这种点拨较委婉含蓄，所以也不致让对方太难堪。

3.审时度势，让各方都满意

交际场合，产生矛盾的双方若就某一问题争论起来，此时是很难说清楚谁对谁错的。而作为调解者，你在调解时应一碗水端平，不可厚此薄彼，以免加深双方的差异。要对双方的优势和价值都予以肯定，在一定程度上满足他们的自我实现心理。在这个基础上，再提出双方都能接受的建设性意见，这样就容易为双方所接受。

4.转移话题，制造轻松气氛

当尴尬或僵局出现时，有些人由于情绪上的激动，往往会在一些问题上互不相让。在打圆场时，不妨岔开他们的话题，转移他们的注意力。如朋友之间为了某个问题争得面红耳赤，僵持不下时，你可以适时说一句“要把这个问题争得明白，比国家足球队赢球还难”；或者说一个笑话，让双方的情绪平缓下来，在轻松的气氛中让尴尬消逝殆尽，使交际活动得以顺利进行。

打圆场是一种语言艺术，且必须从善意的角度出发，以特定的话语去缓和紧张气氛、调节人际关系。而从我们自身来说，掌握交际双方的心理，运用说话技巧，帮人找回面子，也可以使我们在交际场合左右逢源。

巧用自嘲化解尴尬

生活中，我们与人交往时，经常会遇到一些不善之辈，他们会给我们设置一些语言陷阱，此时，我们只要思维敏捷，迅速意识到对方的言外之意，并让自己的思维展开飞翔的翅膀，运用自嘲的方式，就能巧妙地粉碎他人的挑衅，让我们从这种尴尬中解脱出来。

在你身边，什么样的人最受欢迎？你一定会回答：有幽默感的人。而最受欢迎的幽默方式是什么？答案一定是自嘲。它是一种生活的艺术，还是一种自我嘲解、自我帮助，也是对人生挫折和逆境的一种积极、乐观的态度。自我解嘲并不是像人们所说的逆来顺受、不思进取，而是一种随遇而安的心态，是对于那种可望不可及的目标重新作一下调整，设计出符合当下自己的目标，以追求新的目标。正是因为这样，人们都对善于自嘲的人钦佩有加，并愿意与他们打交道。

当然，人际交往中，并不是每个人都心存善意。面对不善的交谈，愚者出拳头，智者则能运用智慧为自己找到交际的出口。而人们要想做到自我解嘲，就要保持一颗平常的心，这一点也是最重要的。平常的心，就是不被名利所累，不为世俗所牵绊，不以物喜、不以已悲。这不是很容易就能做到的。只有树立了正确的人生观、价值观，对名利地位、物质待遇等采取超然物外的态度，才能心怀坦荡、乐观豁达，才谈得上自我解嘲，精神上才可以轻松起来，自己才可以更加潇洒和充实。

具体来说，我们在自嘲时，可以针对以下这些方面。

1.笑笑自己的长相

笑自己的长相，或笑自己做得不很漂亮的事情，会使我们变得较有人性，并给人一种和蔼可亲的感觉。如果你碰巧长得英俊或美丽，那就试试你的其他缺点。如果你真的没有什么缺点就虚构一个，缺点通常不难找到。一位大学足球队的教练，有人向他问起某位明星球员，这位教练说："他是大四学生，很不错的球员。但是有一个缺点，就是他已经大四了。"

一个人要出国进修，他的妻子半开玩笑地说："你到了那个花花世界，说不定会有其他的女人投怀送抱呢！"他笑道："你瞧瞧我这副尊容——冬瓜脸，罗圈腿，走在路上怕是人家眼角都不撩呢！"一句话便把妻子逗乐了。

人人都很忌讳他人提及自己长相上的缺陷，这位丈夫却能够很平静地接受自己的先天不足，并不在意揭丑。这样的自嘲体现了一种人生智慧，比一本正经地向妻子发誓决不拈花惹草效果更好。此时，他在妻子眼里，一定是一个完美的丈夫。

2.笑笑自己的缺点

有时你陷入难堪是由于自身的原因造成的，如外貌的缺陷、自身的缺点、言行的失误等。自信的人能较好地维护自尊，自卑的人则往往陷入难堪。对影响自身形象的种种不足之处大胆巧妙地加以自嘲，能出人意料地展示你的自信，在迅速摆脱窘境的同时显示你潇洒不羁的交际魅力。如你“海拔不高”，不妨说自己是体积小脑力大，浓缩的都是高科技；如丑陋的你找了一个美丽的她，不妨说“我很丑但我很温柔”；即便你如刘墉一样背上扣个小罗锅，也不妨说你是背弯人不弓。

可能你会认为，嘲笑自己的缺点和愚蠢，是幽默的最高境界。然而，伴随着这种嘲笑的情绪是不同的。如果我们尖刻地嘲笑自己，他人会觉得我们犯了愚蠢的错误，活该受到惩罚，那只会让我们感到屈辱。因为这种态度背后的潜在意识就是相信我们应该比实际的更好，而如此人生态度正是我们超脱的障碍。如果我们内心充满了爱来嘲笑自己，就能达到某种和蔼可亲的超脱。因为我们自认愚蠢，但不顾影自怜。

幽默一直被人们称为只有聪明人才能驾驭的语言艺术，而自嘲又被称为幽默的最高境界。在社交场合中，自嘲是不可多得的灵丹妙药，在遇到他人的刁难时，不妨拿自己来开涮，至少自己骂自己是安全的，一般不会讨人嫌。智者的金科玉律便是：不论你想笑别人怎样，先笑你自己。

找到大家都感兴趣的话题，把气氛炒热

社交场合，人们都希望交谈能在轻松、和谐的氛围中进行。而是否能达到良好的交谈效果，直接取决于交际场合大家交谈的话题合适与否。因为从心理学的角度看，人们对于那些与自己有共同话题和兴趣的人更容易产生交流的欲望，也更愿意与之结交。因此，恰当、有趣的话题能使大家循着交谈的轨迹逐步加深感情，从而建立友谊。如果运气好，你与陌生人的偶遇还可能发展成为终身不渝的友谊。仔细想来，我们哪个朋友原来不是陌生人呢？可见话题在应酬中的重要性。

有个叫贝尔纳·拉迪埃的销售员，他不同于一般的销售员，他的工作是推销空中客车飞机，当他被推荐到空中客车公司时，面临的第一项挑战就是向印度销售飞机。

这是一件棘手的任务，因为这笔交易已由印度政府初审，但未被批准，能否重新寻找到合作的机会，全看销售代表的谈判本领了。作为销售代表，拉迪埃深知肩上的重任。他稍作准备就立即飞往新德里。接待他的是印度航空公司的主席拉尔少将。拉迪埃到印度后，见到他的谈判对手后说的第一句话是："正因为你，使我有机会在我生日这一天又回到了我的出生地，谢谢你！"

贝尔纳·拉迪埃的这句开场白是别开生面的，这个话题迅速拉近了他与谈判对手的距离。这句话，虽然只有短短的几十个字，却蕴含着丰富的内容。它表达了好几层意思：感谢主人慷慨赐予的机会，让我在自己生日这个值得纪念的日子来到贵国，而且贵国是我的出生地。而实际证明，拉迪埃的印度之行取得了成功。拉迪埃靠着娴熟的销售技巧，为空中客车公司创下了辉煌的业绩：仅在1979年，他就创纪录地销售出230架飞机，价值420亿法郎。这当中，应该说也少不了他善于"拉拢人心"的功劳。

人与人交谈，都是围绕着一个话题展开的，而我们只有积极主动选择一个双方都感兴趣的话题，才能使交谈得以在一个轻松、愉快的氛围中进行。一般来讲，人们在交谈中，多选择以下几个话题。

1.天气

天气是每个人都关心的问题，因为它事关每个人每天的生活。因此，若天气不好，不妨交换一下彼此的苦恼："今天这天儿，我都穿得跟个企鹅似的。""这鬼天气，我浑身上下都要起火了。"天气很好，不妨同声赞美："今儿天气不错啊，心情也跟着好起来了。"如果某地遇到暴雨或者干旱等天气异常情况，也可以拿出来谈谈，因为那是人人都关心的话题。

2.坦白自己的感受

比如，你参加了一个周围没有一个熟人的聚会，与其自己在角落里一个人嘀咕"我太害羞了，与这种聚会格格不入"，还不如直接将你的想法告诉坐在你身边的陌生人，或许对方也正有此感受。

一次，美国作家阿迪斯与一位写过一本书的心理学家谈话。阿迪斯通常对这类的谈话都能应付自如，并会从中受益，所以当他发觉自己结结巴巴、不知怎样开口时，简直大吃一惊。最后阿迪斯说："不知为什么我对你有点害怕。"结果，那位心理学家对阿迪斯这个说法产生了兴趣，随即大家就自然地聊起来了。

3.自己闹过的有些无伤大雅的笑话

比如，你可以拿买东西被骗、语言上的失误等此类的笑话来和对方分享一下。人们一般都爱听这些生活中的趣事，你谈论的此类趣事，可能对方也遇到过，这样一来，你们之间就找到了共同的话题。另外，拿自己开涮，更能体现出你的随和，平易近人。

有一次，阿迪斯听见一位太太对一个陌生的女士说："你长得真好看。"也许，我们大多数人都没有说这种话的勇气，不过我们可以说：

"我远远就看见你进来，我想……"或是："你正在看的那本书也是我最喜欢的。"如此，双方就能找到共同话题进行交谈了。

4.以轰动一时的社会新闻为话题

生活中，我们每个人都会对近期发生的一些新闻进行谈论，这也是闲谈的资料。若你能就此发表自己的意见和看法，足可以把一批听众吸引在你的周围。

5.家庭问题

关于每个家庭里需要知道的各方面的知识，如家庭教育、购物经验、夫妇之间怎样相处、亲友之间的交际应酬、家庭布置等问题，也会使大多数人产生兴趣，家庭主妇们尤其关心这类问题。

当然，我们也应当避免问一些令人扫兴的话题。在初次交往中，各自都有一定的意图，所以纯属个人生活的事情不要多谈，可能没有人愿意听你高谈阔论，诸如狗、孩子、食物和菜谱、自己的健康、高尔夫球，以及家庭纠纷之类的事。但可以对时下人们所共知的社会现象、热点问题等谈谈看法。

人们更愿意与人交流自己感兴趣的话题，对于那些在社交场合能兼顾大家感受、寻找共同话题的人也更容易产生好感。因此，如果你善于选择大家都能聊的话题，相信你会很快与他们建立起稳固的友谊。

如何把祝酒词说到位

酒文化在中国永远是一个既古老又新鲜的话题。中国人喝酒，喝的不仅是酒，还是一种意境和文化。自古以来，素有"行酒令"之传统，到了现代，人们的祝酒习惯有增无减，这也是酒桌上的一个礼仪。因此，我们在交际应酬的时候，除了要懂得如何喝酒，还要明白祝酒的学问。

人们常说“酒品看人品”，一个人在酒桌上的表现如何，直接关系到他留给对方的印象的好坏。因此，从心理学的角度看，那些会祝酒的人往往能获得满堂彩，不失礼节又能让人刮目相看。而祝酒词带有很强的随机性和变化性，因此，祝酒也考验了一个人在应酬时的变通、见机行事的能力。当然，祝酒也并不是毫无章法、毫无规则的，我们要根据不同的场合、时间、地点以及当时的喝酒氛围来祝酒。这门学问涉及方方面面。

（1）面对突如其来的“邀请”。酒桌上，有时候你毫无准备，却被推举出来祝酒，此时，你可能显得很局促，不知从何说起，那么，不妨直接说出你的感受。祝酒词不用长篇大论，表达出你的敬意和祝愿等即可。当然，如果你想表现得更有风度、更有口才，你就要增加一些回忆、赞美，以及相关的故事或笑话。

（2）一般来说，祝酒词是男女主人公的优先权；而假若无人祝酒，客人便可提议向主人祝酒。如果其中一位主人第一个祝酒，那么其中一位客人可以在第二个祝酒。

（3）重要的仪式场合，一般是由司仪祝酒，在没有司仪的情况下，组委会主席会在就餐结束、开始发言前，致必要的祝酒词。在不太正式的场合，可以在葡萄酒和香槟酒上来之后，就提议祝酒。祝酒者不必把酒杯里的酒喝干，每次喝一小口足矣。

（4）假若你完全不会喝酒，甚至连含酒精的饮料都不喝，那么你可以谢绝对方的好意，在祝酒时举起装着苏达水的高脚杯。以前，除非是酒精饮料，否则不祝酒，但是今天各种饮料都可以用来祝酒。即使你不喝酒，也应加入到这项活动中来，不然则显得失礼。

他人祝酒，你不必将酒都喝光，而只须站起来喝一些，并道“谢谢”，同时向对方祝酒。如果愿意，女性可以非常自由地敬酒，而且回答敬酒时只要笑一笑或向祝酒者的方向点头示意就足够了。

具体的祝酒词是轻松和谐的，但我们在祝酒的时候要避免庸俗，否则，会让对方感觉难堪甚至鄙夷，这样，我们原本为了活跃气氛的本意就被倒置了。

另外，祝酒词应当和与场合相吻合。例如，在婚礼上的祝酒词应该侧重于情感方面，向退休员工表达敬意的祝酒词则应当侧重于怀旧，诸如此类。

以下是一些经典的祝酒词：

男人不喝酒，交不到好朋友；感情深一口闷，感情浅舔一舔；宁可胃上烂个洞，不叫感情裂条缝；感情厚喝不够，感情薄喝不着，感情铁喝出血；一两二两漱漱口，三两四两不算酒，五两六两扶墙走，七两八两还在吼……

大多数酒宴宾客较多，所以应尽量多谈论一些大部分人能够参与的话题，得到多数人的认同。因为每个人的身份地位、知识面以及兴趣爱好都有所不同，谈话的内容太偏也许会赢得某个人的好感，但可能会遭到更多人的排斥，影响喝酒的效果。其次，在喝酒的时候，要瞄准宾主、把握大局、分清主次，不要单纯地为了喝酒而喝酒，以至失去交友的好机会。

在酒桌上，我们最重要的是聪明，学会灵活掌握、熟练运用。不然，只会被别人"排山倒海"的祝酒词攻击。当别人劝酒的时候，我们可以反客为主，说"怎么能让您敬我酒呢，应该是我向您敬一杯才对"，然后起立举杯，说敬全体一杯，这样，他们接下来就不好意思挨个劝你酒了，你就可以少喝很多杯。

可见，在酒桌上学会祝酒十分重要。才思敏捷、善于利用祝酒加深感情，又能"保护"自己的人，往往能让宾主尽欢，于微醉微醒中达到喝酒的目的。

餐桌上祝酒，可以渲染吃饭气氛，使整个宴席的气氛活跃起来。或许你比较木讷，不大会说，其实很简单，生意人祝他生意兴隆，老人祝他越活越年轻，年轻人祝他前程似锦，女孩祝她越长越漂亮。只要你把祝酒词说到位，就能顺利让餐桌上的人对你赞赏有加！

祝贺的言辞要说到对方心坎上

俗话说“人逢喜事精神爽”，人们在遇到喜事的时候自然心情愉悦，而且人类有一个共同的心理，那就是乐于分享自己的喜悦。这就是日常生活中人们在升职、加薪、结婚之际，喜欢宴请宾朋的原因。而出于礼仪的需要，我们自然需要祝贺。但绝不能无视环境，乱讲一通。否则，非但不起作用，反而徒令对方败兴。要得偿所愿，就要掌握祝贺的语言技巧，只有把祝贺的话说到对方心坎里，产生积极的心理作用，才是有效的。

某退休老教授七十岁寿诞，在某酒店大摆筵席，宴会上高朋满座，其乐融融。宴会进行到一半的时候，一个学生出于礼貌，举杯祝贺老寿星。他说：“王教授一直是我们最和蔼可亲的老师，每当我深夜看书的时候，我总是会想起他的音容笑貌。”当他这一番话说完后，整个宴会厅鸦雀无声，此人好不尴尬。

故事中，祝贺的人本是出于好意，却用错了字眼，制造了一出令人尴尬的闹剧。一般来说，对于已逝的人，才会用“音容笑貌”，在寿诞上，使用这一词语明显很扫兴。

祝贺的方式有多种多样，口头祝贺、书信祝贺、赠礼祝贺等，都有自己特定的适用范围。在多数情况下，几种方式也可以同时并用。一般说来，口头祝贺是人们用到最多的一种祝贺方式。

如何使用口头祝贺，体现了我们说话的技巧。具体来说，要把祝贺的话语说到对方心坎里，需要遵循以下几个原则。

1.祝贺的时机需要审慎地选择

生活中，适逢亲朋好友结婚、生育、乔迁、获奖、晋职、过生日等，应当及时向其表示自己为对方而高兴。不然，就有疏远双方关系、心存不满或妒忌之嫌。碰上节日，出于礼貌，向亲朋好友道贺也是必要的。对新开业、扩店、周年纪念等，也应予以祝贺。

2.区分对象

口头祝贺要简洁、热情、友善并饱含感情色彩，同时要区分对象，回避对方之所忌。

对不同的对象，在不同的时刻，道贺之语的选择应有所不同。

在祝贺同行开业时，“事业兴旺”“大展宏图”“日新月异”“生意兴隆”“财源茂盛”等，都是很吉利的贺词。

在祝贺生日时，除了“生日快乐”可广泛使用外，“寿比南山，福如东海”这种是老寿星爱听的祝词，不宜用于祝贺年轻人，尤其是孩子们。

对新婚夫妇，使用“天长地久”“比翼双飞”“白头偕老”“百年好合”“互敬互爱”“早生贵子”之类的祝贺语，能使对方更加陶醉在幸福与憧憬之中。

另外，有些话本意不错，但可能是一些人的忌讳，故宜加以回避。例如，香港人不爱听别人祝他“快乐”——爱讨“口彩”的他们，往往把“快乐”听成了与之发音一样的“快落”，这对于他们来说太不吉利了。

若明知一位小姐才疏学浅，事业上难有重大进展，那么就不宜用“事业有成”，免得让人家“感时花溅泪”，代之以“生活幸福美满”，或许能让她芳心大悦。

3.遵循一些约定俗成的语言

例如，“恭喜，恭喜”“我真为您而高兴”就是常用的道贺之语。“事业成功”“学习进步”“工作顺利”“一帆风顺”“身体健康”“心情愉快”“生活幸福”“阖家平安”“心想事成”“恭喜发财”之类的吉祥话，大家也都耳熟能详。

总之，在“人逢喜事”之时，一句得体的祝贺，可以把你的喜悦之情传达给对方，从而促进人际间的友谊。

祝贺，就是向他人道喜。每当亲朋好友在工作与生活中取得了进展，或是恰逢节日喜庆之时，对其致以热烈且富有感情色彩的吉语佳言，会使对方的心情更为舒畅，令双方的关系更为密切。

第 11 章

有求于人说话之道——求人办事，话要说得悦人心

我们知道，这个世界上没有人是万能的，有些事情仅靠我们自己的力量去办，是很难成功的。所以，有些时候我们必须寻求他人的合作才能成功。求人办事就是寻求合作的一种方式。要想打动对方，让对方尽力来帮助你，就需要良好的口才艺术，巧妙地运用对症下药的方法，成功攻克对方的心理防线。如果你能用语言的魅力感染人，用亲切的话语说服人，用发自肺腑的真诚打动人……你的人生就会增添无限光彩，你寻求与他人合作的路子就会越走越宽。

以情感人，令对方不忍拒绝

人是社会的人，任何人的一生，都不可能不求助于人，真正成大事者，往往懂得借助他人的力量。而善借外力，必懂攻心谋略；善攻心者，必能用言语感动人。因为人都是感情的动物，世间之事也逃不过一个“情”字，求人办事时更是如此。情真方能动人，再铁石心肠的人也难免为真情所动。

山东某企业家张先生原是东北吉林人。张先生虽已在山东成家立业，但时时刻刻都想着家乡，只是因为工作繁忙，一直没时间回去。

王某是张先生家乡所在城市对外联络办的工作人员，最近他在工作上遇到了一点问题：市政府为了创办当地特有的产品加工厂，需要一笔不小的资金，当地政府千筹万借，才筹到了总数的三分之一，怎么办呢？王先生准备找张先生帮忙。他看了张先生的详细资料后，就判断张先生这时也很有回家乡投资的意向。因此，在没有任何人员陪同，也没有准备任何礼品的情况下，他独自一人前往山东。

当张先生听到家乡来人时，欣喜之余也感到有些惊讶，因为久不闻家乡的信息，突然有人来了，该不会是招摇撞骗之人吧！张先生不由得生出阵阵疑心，但出于礼节，他还是同王某见了面。

王某一见张先生这种神情，知道他还没有完全相信自己，于是他挑起了家乡的话题，只讲家乡解放前及这些年来的风貌变化。他那生动的语言，使他那浓浓的爱乡之情溢于言表，令张先生深受感动，也将张先生带回了童年及少年时代，想起了那时的家乡，那里的爷爷奶奶，还有邻里亲戚……很显然，张先生记忆深处中的那块思乡领地已被王某揭开了“盖头”，蕴藏在他心中的那份几十年的感情全部流露了出来，让人欲罢不能。

就这样，经过3个小时的“聊天”，王某对借钱一事只字未提，只是与张先生回忆了家乡的变迁，犹如放电影一般。最后，张先生不但主动提出要为家乡捐款一事，还答应了与家乡合资办厂的要求。

俗话说：“老乡见老乡，两眼泪汪汪。”案例中的王某就是通过展现乡情来打动张先生的。的确，乡情是以地缘为纽带而结成的特殊缘分，人们在说话办事时可以靠乡情套近乎、拉关系，可以利用乡情打通关系，办成事情。

当然，在求人办事时，说动情话的方式是多种多样的，但前提是必须要掌握对方的心理，说对味的话，这样才能真正起到以情动人的目的。通常来说，我们可以从以下几个方面努力。

1.申述自己的处境，以表示求助于人是不得已之举

20世纪90年代，某国有工厂某车间接到国库券认购任务。这是一个大厂子，有几百名工人认购了不同的数额，但工厂偏偏有几个不愿认购的“老顽固”。这几个拥有30年左右工龄的老工人，任凭车间主任磨破了嘴皮，依然不肯认购：

“不是说要自愿吗？我不自愿！”

前后已经开了三次动员会，依然毫无结果。下班时，车间主任把这几位老工人送到车间门口，轻声说：“我只讲最后一句，我现在很为难，请大家帮个忙。”

奇怪的是，原先还态度强硬的老工人听了这句语重心长的话，竟纷纷表示："主任，我们不会让你为难。"说完，大家立即转身回去签名认购。

很快，国库券的认购任务就完成了。

一句充满人情味的求助话，居然比通盘大道理更具有说服力。作为老工人，他们虽然文化水平不高，但重情义。现在，领导不是讲大道理，而是请他们帮忙。他们想："领导看得上咱，岂能不给面子？"就这样，气一下顺了。那位车间主任，在正面强攻不下的情况下，改用避实就虚、迂回包抄的战术，先了解对方的心理需求，然后由虚而实，从而达到目的。可见，诚恳地请求，实为有效的说服方法。

2.充分阐明自己所请求之事并非与被请求者无关，以使对方不能无动于衷、袖手旁观

当然，表现"情"时不能冷冰冰的、毫无感情，也不能表现得过度热情。求人办事时，"情"的展现也只是一种客套而已。怎么恰当地"客套"是值得注意的。"欲知其人，先善其思！"意思就是说只有先了解了对方的心里所思，才能在语言、行为上与其客套，赢得对方的好感。

用情打动别人这一求人办事的方法，一般用于比较大的或较为重要的事情上，需要我们把对人的请求融入到动情的叙述中。通常来说，一句富有人情味的话，往往比那些大道理更具有说服力。

巧妙铺垫，让求人办事变得顺理成章

生活中，人们都有这样的心理：对于那些关系一般或者不熟识的人都是心怀戒备的，并且，也觉得没有必要答应对方的请求；而一旦对对方产

生好感，并愿意与之结交后，对于对方提出的请求也就会欣然答应了。因此，在求人办事时，倘若向特别要好和熟悉的人求助，可以直截了当、随便一点。但求助于关系一般的人、生人或社会地位较高的人时，则常常需要一个“导入”的过程。这个导入过程可长可短，得视情况而定。

刘先生的公司一度资金状况出了点问题。他原本想通过向银行贷款解决这一问题，但无奈的是被银行拒绝了。随后，他想到了某大老板张先生。但问题又出现了，据说，张先生是个出了名的铁公鸡，从不愿意借钱给别人。怎么办呢？

刘先生深知用一般的方法向他借钱绝无成功的可能，经过片刻思考后，他下定了决心，打电话给张先生，约好见面的时间和地点。这天，刘先生并没有开车，而是搭乘公共汽车前往，然而在离张先生家还有150米时，他就下了车，开始全速跑向张先生家。

那时虽是春天，但天已经开始热起来了，刘先生跑到的时候，已经是大汗淋漓，张先生见了他非常诧异地问：“你怎么回事？一身汗！”

“我怕赶不上时间嘛，只好跑着来！”

“你怎么不打车呢？”

“其实，我很早就出发了，上了公共汽车后，却又遇到堵车，没办法，我看时间不够了，就只好下车跑过来了！”

“像你这种人也会坐公共汽车吗？”

“怎么，您不知道我这个人很注重节约的？不过别人都说我吝啬。我怎么会坐计程车呢？坐公共汽车既便宜又方便，而且自己没有私车的话，也省了请司机的开销。其实，还是用双脚最好，碰到赶时间的时候，只要用它们跑就可以，既不花钱，又可强身，多好啊！我这种吝啬的人哪会像你们大老板一样有自己的私车呢？”

“我也很小气啊！所以，我也没有自家的车子。”张先生谦逊地说。

“您那叫节俭，我这叫小气，所以才有‘小气鬼’的绰号。”

“但是我从来没听说过你是这种人。其实，我才真的被人认为是吝啬鬼。”

“张先生，人不吝啬的话是无法创业的，所以，人不能太慷慨。我们做事业的人都是向银行或他人贷款来创业的，当然是应该节俭，千万不能随便地浪费钱啊！我们要尽量地赚钱，好报答投资的人。钱财只会聚集在喜欢它、节俭它的人身上……我经常对下属这么说。”

刘先生的这些话使张先生产生了共鸣，于是很反常地借钱给了这个相见恨晚的刘先生。

刘先生在求人办事上的这一套手法着实很耐人寻味，面对一个吝啬的人，他一反常人的做法，而是说明吝啬的好处，引起了对方的同感，继而成功借到了对方的钱，挽救了自己的事业。

求人办事时，对方能不能答应你的要求，能不能全力帮助你把事情办成，关键在什么？关键在他心里是怎么想的。他的心里怎么想问题，就决定了他对你提出的事是给办还是不给办。一般来说，如果你和所求之人是陌生人或关系不熟，那么，你就不能急于切入正题，而应该先拉近双方的距离，让一切看来水到渠成。

那么，具体说来，求人办事的过程中，我们该怎样逐步“导入”正题呢？

1.先找到共同的话题

面对不熟悉的人，一开始最好避免开门见山地直述自己要达到的目的，迂回地谈些其他事情，如天气、足球、服装、电影……从中找到共同兴趣点，然后再在共同感兴趣的话题上不露痕迹地、自然地转入到正题上去。这样可以取得很好的效果。

2.秉持“说三分，听七分”的原则

许多善于说话的人都强调“听”的重要性，因为只有善于倾听才能达到目的。听人说话的本意在于了解对方的心意，把握对方的想法和要求。而对方是商谈的主角，所以应让对方多说，以对方为中心，自己则多听，以更利于掌握对方。

3.“导入”正题时注意运用对方容易接受的说法

一句内容和中心思想完全一样的话，由于说法不同，产生的效果可能会有所不同。有的可能会让人觉得亲切、易于接受；有的则让人觉得生硬。很多时候，反复强调你的想法，未必能发挥太大的作用。

另外，还要尽量防止自己的话无意间冒犯到对方。所以，在有求于人时应事先对对方有所了解，若无意中冲撞了对方，岂非前功尽弃？

人们对于自己不熟悉的人或事，往往都持有一种排斥的心理。因此，任何请求，如果直截了当，都会显得突兀，让对方难以接受；而如果我们能巧妙铺垫，然后再导入主题，对方则会更易接受。

求人办事要真诚，不要羞于表达

人生在世，没有谁只活在自己的世界里，社会是一个集体，学会说话、办事，少不了求人，为此，你就必须得舍下面子，如果羞于表达，恐怕没有人愿意答应你的请求。从心理学的角度看，谁都愿意听顺耳的话，何况是在被人求的时候。同时，人们对那些敢于大胆、真诚、情真意切地说话的人，往往更愿意伸出援助之手。

的确，日常生活中，有太多无奈，你不得不去求人。假如你是一个下属，希望能升职加薪；假如你是一名病人，希望能找到一个医术高超的医生解除你的病痛；假如你还在为工作发愁，希望能找到一份如意的工作；假如你急需用钱，希望能筹借到这笔钱……这许许多多、大大小小的希望便构成了生活。生活会迫使你不得不去求助于别人，但有些人一提到求人就皱眉头，甚至羞于启齿，他们对求人怀有一定的偏见，认为那一定是卑躬屈膝、低三下四的。其实不然，人身为社会人，就不可能做到万事靠自己，寻求帮助是一种生存方式，而且，向别人求取帮助是以自尊、自重、自爱为前提的，只要做到求而不卑、求而不倚，也没有什么丢脸的。

求人有多种多样的方式，其中很大部分是由口头提出的。人们不难发现，同样的请求内容，不同的人用不同的方法和语言表达出来，得到的结果常常是不一样的。那么，怎样开口才显真诚呢？

1.求人语言要诚恳

所谓诚恳，是指要让被请求者感到你是发自内心地求助于他，从而令其重视你的请求。这是求人成功的先决条件。

2.求人语言要礼貌

所谓礼貌，是指应该尽量选用被请求者乐意接受的称呼，例如，在问路、请求让座时，这一点就显得非常重要。问路时，称对方为“老头”“小孩子”，那你肯定一无所获；若改用“老人家”“小朋友”等，效果就会好些。

有个年轻人骑马赶路，见一位老汉在路边休息，他便在马上高声喊道：“喂！老头儿，离客店还有多远？”老汉回答：“五里！”年轻人策马飞奔，急忙赶路去了，结果一口气跑了十多里，仍不见人烟。他暗想，这老头儿真可恶，说谎话骗人，非得回去教训他一下不可。他一边想着，一边自言自语道：“五里，五里，什么五里？”猛然，他醒悟过来了，这“五里”，不就是“无礼”的谐音吗？于是他掉转马头往回赶，追上了那位老人，急忙翻身下马，恭敬地叫声“老大爷”，话没说完，老人便说：“天已黑了，如不嫌弃，可到我家一住。”

这是一则流传很广的故事，它通俗而明白地告诉人们在人际交往过程中说话讲究礼貌的重要性。

3.不强加于人

不强加于人是指不用命令、祈使的语气，而多用委婉、征询的口气。例如，尽可能地使用“麻烦……”“劳驾……”“可以……吗”这类句式，即使对相识者也不妨这样。

4.求人时，语言一定要简明扼要

不需要刻意雕琢言语、故意咬文嚼字，要尽量抛弃那些造作的、文诌诌的词汇；而且说话要有真意、不粉饰、少做作，表现朴素、自然，以平易近人的语言把话说得自然、通畅。

世界著名演讲艺术家弗尔特说：“你应该时常说话，但不必说得太长，少叙述故事，除了真正贴切而简短之外，不讲为妙。”

简明扼要的表达是实现一语中的、妙语如珠，赢得他人侧耳聆听的基础。同时，还要忌讳说话含糊其词。语言表达必须准确，说话前要谨慎思考，避免过于犀利或不文雅的言语。

5.避开忌讳

每个人因自身的个性和生活经历，会对某些言辞和举动有所顾忌，对此，我们千万不要去冒犯。《孙子兵法》上讲：“知己知彼，百战不殆。”这句话同样适用于求人的技巧。当我们有求于人的时候，首先不妨对那个人的嗜好、性情、学识和经历等作一番侦察，然后从容前往，或许会得到意想不到的效果。

人生在世，既有风雨也有晴天，所以谁都需要别人的“搀扶”，我们在求人办事的时候，要大胆开口，但同时要做到求而不卑、求而不倚！

互惠互利，合作双赢

我们都知道，人是三分理智、七分感情的动物，友善会孕育友善，付出会孕育付出，所以，生活中，你怎样对待别人，别人就会怎样对待你。这就是心理学上人们常说的互惠原则。根据这一原则，我们在求人办事时，不妨主动表示愿意给对方以某种回报，或将牢记对方所提供的好处，即使不能马上回报对方，也一定会在对方用得着自己的时候鼎力相助。如此配以“互利”的承诺，会让对方觉得他的付出值得，同时也会让他对我们多一分好感。

某年，由于市场竞争激烈，木材市场十分不景气，木材的价格又大幅下跌，很多大型林场都遇到了危机。面对这样的情况，某林场场长决心带领大家从夹缝中冲出去。为此，他亲自到欧美一些国家作市场调查，搜集信息，寻找合伙对象，开辟新市场。

在国外，场长找到一家著名的家具生产集团。场长开门见山地说明来意，希望那家公司能够把他们的林场作为原料采购基地。对方公司总经理说：“现在我们的原料供应系统很稳定，你有什么优势让我们把别的公司辞掉，而选用你们的木材？”

场长对此不卑不亢地列举了该林场的三大优势：第一，我们林场的木材质量有保证，有很高的信誉；第二，我们可以长期合作，保证长期供货，长期供应价格上给予一定的优惠；第三，我们林场有自备码头，保证货运及时，并有良好的售后服务，更重要的一点是保证信守合同。场长在大谈林场的三大优势后，还不紧不慢地对外方总经理说，林场刚刚与国际上另一家知名公司签订了供货合同。那位经理听说连那样的大公司都与中方的这家林场签订了合同，心想，看来林场实力不弱啊！他立即同意就供货问题正式洽谈。签订合同之前，该公司对木材进行现场检测。经检测，木林质地良好，是家具原材料的上上之选，经过一番讨论，双方终于正式签订了合同，该林场也在国际市场上站稳了脚。

这里，林场场长是怎么让这家公司答应与之合作的？很简单，他在自身力量较弱、处于劣势的情况下，采取了往自己脸上贴金、玩个把戏把身价抬高的方式，并让对方看到与之合作会有利可图。

的确，一般人求人，态度往往会低三下四，让对方觉得可怜，好像只有这样才容易获得救助。但是这种人对方通常见得比较多，一定也就见怪不怪了。同时，一些人在看不到帮助你之后能得到的利益的情况下，是不会对你伸出援助之手的。如果你一反常规，多谈及对方在帮助你之后会获得的利益，那么，综合权衡之下，对方答应你的请求的概率会大大增加。

那么，具体来说，我们该怎样运用互惠原则来求人办事呢？

1.为自己贴金，让对方看到你的潜力

正如上例中，那位场长没有刻意地恭维对方，而是底气十足地向对方提出要求，紧接着在不经意中道出自己与另一家公司签订了合同，无形中抬高了林场木材的身价，令对方对他刮目相看，如此一来事情自然好办多了。

很多场合，双方情况都是虚虚实实，谁也无法完全摸清对方的底细。在这种大环境下，如果你势力弱而又想借助对方的力量，那么你就应该多往自己脸上贴金，抬高身价，至少给对方一个你实力强大的假象，让对方看到你潜在的实力，进而令其愿意助你一臂之力。

2.承诺给予对方一定的利益

其实，人们在遇到他人求助于自己的时候，总是在寻找心理平衡，帮助他是不是值得？我能得到什么好处？他会不会记得我帮助过他？在这些疑问存在的情况下，人们是不愿意下帮助你的决心的。此时，如果你对其许下承诺，保证会给其一定的利益报酬，那么，就等于给对方吃了一粒定心丸，他帮助你的可能性也就提高了。

“互惠原则”是指受人恩惠就要回报，主要表现为生活中人们经常会以相同的方式回报他人为自己所付出的一切，即行为孕育同样的行为，友善孕育同样的友善，付出也会孕育同样的付出。你怎样对待别人，别人就会怎样对待你。因为，当人们给予他人好处后，他人心中会有负债感，并且希望能够通过同一方式或者其他方式还这份人情。

给对方“戴高帽”，令其不好意思拒绝你的要求

生活中，每个人都喜欢听好话，也就是人们所说的赞美，它会激发听者的自豪和骄傲。从我们自身来说，赞美完全可以是求人办事时最好的手段之一。我们在求人办事的时候，可以先把对方捧高，让其不好意思拒绝你的要求。比如，我们可以给对方一个超过事实的美名，让其自我感觉良好。这样，你在跟他说话的时候，他就会在心里有一种自己是很值得人尊敬的感觉，对于你的请求，他又怎么好意思拒绝呢？

一位妇女抱着小孩上火车，车上位子已经坐满，而这位妇女旁边，一位小伙子却躺着睡觉，占了两个人的位子。孩子哭闹着要座位，并指着要小伙子让座。小伙子假装没听见。这时，小孩的妈妈说话了：“这位叔叔太累了，等他睡一会儿，他就会让给你的。”

几分钟后，小伙子起来客气地让了座。

这位妇女无疑处于“求人”的地位，她能靠一句话求人成功，聪明之处正在于以一个“礼”字把对方架在了很高的位置：他应该休息，而且他是个好人，因此，如果他不“睡”了，他会主动让座的。显然，一个再无礼的人面对这样的礼貌也不会无动于衷。

某工程机械制造厂的科长与其部属的对话：

“小李，你看起来气色蛮好的嘛，听说最近挺清闲的？你看人家小张，多忙！在这个社会上，总是能者多劳的。不过听说你的英文很棒，反正闲着也是闲着，帮我翻译一下这篇稿子，这个礼拜就要！”

“这礼拜？我恐怕要跟你说声抱歉。下星期一我有一个会议，必须准备一些相关资料，所以可能没时间为你翻译，科长不也是大学毕业的吗？我看根本不用托我嘛，反正我正职的工作都做不好，就别说翻译这么重要的事情了。”

“啊，我知道了，算了，不求你也罢。”

这里，这位科长求人办事的方法实在不对，找部属替自己翻译，是要去说服他，而不是贬低他。拿对方同别人相比，言辞间流露出批评之意，甚至还批评对方工作没做好，如此一来，对方哪还会想替你做事？这实在是糟糕透顶的谈话。事实上许多上司都是这样子，在求人办事的时候，不懂得抬高对方，反而伤害了他人的自尊，却还一副若无其事的样子。碍于上司与下属间的关系，对方即使受到伤害，也不至于当场和上司翻脸。但是长期下来，部属心中对上司的不满就会溢于言表了。

如果这位科长像下面这样说话，就不会碰壁了：“小李，你最近有空吗？听说跟你同期的小张最近很忙。知识经济时代，真是能者多劳啊。下周又要开会，你现在一定也很忙吧！我曾听人说你的英文不错，不知能否抽空帮我翻译一下这篇文章呢？是非常重要的资料，急着要的，行吗？”

如此和气的请托，谁会忍心拒绝呢？为什么换一种说法小李的情绪就和前例迥然不同呢？这是因为他的自尊心得到了极大的满足。无论是谁，对自身的东西都会有一种自豪、珍惜之情。尊重这份感情，也就能赢得对方的信赖，获得对方的帮助。

那么，年轻人要怎样表现自己对老前辈的尊敬呢？

1.了解对方，给对方戴一顶最适合的“高帽子”

每个人都有其最自豪的地方，我们抬高别人之前，要先找出对方最值得赞扬的地方，然后加以赞赏，这样便会得到他的好感，要说服他或者请他帮忙也就不再是难事了。

2.不着痕迹地夸大别人的优点

抬高别人，难免要说一些奉承话、恭维之词，把对方的优点加以拔高、放大。这样的话有明显讨好之意。因此，我们在抬高别人的时候，一定要说得巧妙，最高明的做法是自然而然，不露痕迹。

3.适当示弱求帮助

用商量的口吻向对方说出自己要办的事是一种巧妙的办法。装作自己没有任何把握，将建议与请求等慢慢表达出来，给对方和自己留下一条退路。比如：“这件事我办起来很困难，你试试如何？”

所谓的“抬高对方”，在求人办事时就是“捧”，是指对所求的人的恰到好处、实事求是的称赞，但并不包括那种漫无边际、肉麻的吹捧。求人时说点对方乐意听的话，尤其是顺便就与所求的事有关的方面称赞一下对方，也不失为一种求人的好办法。

巧用“激将法”，激发对方的斗志

生活中，有时候，我们求人办事，正面劝说的结果似乎总是事与愿违。但我们可能忽视了一点，那就是人们都有不服输的心理，越是被否定，越是要证明自己；越是受压迫，越是要反抗等。如果我们告诉对方事情存在一定难度，他可能办不到，那么，便能激起对方的挑战欲，使其愿意一试。

求别人办事的时候，倘若能够明白对方属于哪种类型的人，说起话来就比较容易了。

1960年，美国富豪约翰逊意欲在芝加哥为公司总部创建一所办公大楼，为此他跑了多家银行，但始终没有贷到款。此时，问题的严重性在于承包商已经聘请好了，一切已经如火如荼地开始了，而工程所需费用还差500万美元。假如钱用完了而他仍然拿不到抵押贷款，他就得停工。

这天，约翰逊和大都会人寿保险公司的一个主管在纽约市一起吃晚饭。

约翰逊拿出经常带在身边的一张蓝图，正准备将蓝图摊在餐桌上时，那位主管对他说："在这儿我们不便谈，明天到我的办公室来。"

第二天，当约翰逊断定大都会公司很有希望给他抵押贷款时，说："好极了，唯一的问题是今天我就需要得到贷款的承诺。"

"你一定在开玩笑，我们从来没有在一天之内给过这样贷款的承诺。"主管回答。

约翰逊把椅子拉近主管，说："你是这个部门的主管，也许你应该试试看你有无足够的权力，能把这件事在一天之内办妥。"

主管微笑着说："你这是让我为难，不过，还是让我试试看吧。"

结果非常理想，约翰逊成功地达到了自己的目的。

约翰逊的话明显是对那位主管能力和权威的一种挑战，尽管这位主管不一定真的有那么大的权力。于是，为了证明自己能完成这一有难度的任务，主管自然会答应。以激将法说服别人时，务必找到并击中对方的要害，迫使他就范。就这件事来说，那位主管的要害是他对自己权力的威严感。

可见，巧言激将时，一定要根据不同的交谈对象采用不同的激将法，如此才能收到满意的效果。犹如治病，对症下药才有疗效。因此，总的来说，在运用这一心理策略的时候，要注意以下几个方面。

1.了解对方的弱点

逆反心理能否起到应有的作用，在于我们是否了解对方的弱点。“请将不如激将”，要“激将”，就要了解“将”的“致命伤”。比如，对于那些爱表现的人，我们不妨从反面说：“我知道您也是能力有限……”这样一激，对方肯定会答应你的请求。

2.因人而用

我们在运用这一心理策略的时候，要先了解对方，因人而用。要对对方的心理承受能力有所了解，如果激而无效，那么也是白费力气。

3.掌握火候，语言不能“过”

如果说话平淡，就不能产生激励效果；如果言语过于尖刻，就会让对方反感。语言不能过急，也不能过缓。过急，欲速则不达；过缓，对方无动于衷，无法激起对方的好胜心，也就达不到目的。

在求人办事的过程中，有时别人并不应允，如果只用直截了当的语言请求他们，他们也许会一再拒绝。在这种情况下，巧用激将法则会收到原本难以达到的效果。因为人类都是有逆反心理的，尤其是自己的权威、能力受到了质疑的时候，人们的自尊心、自信心就会被激发起来。

参考文献

[1]程庭亮.跟任何人聊得来：会聊天=良好的人际关系+超强的社会竞争力[M].北京：民主与建设出版社，2015.

[2]叶舟.跟任何人都能交朋友[M].南昌：江西人民出版社，2016.

[3]豫君.会聊天你就赢了[M].北京：中国商业出版社，2017.

[4]李金水.跟任何人都能聊得来[M].南昌：江西美术出版社，2017.